Dino Toledo Delgado

El cuerpo: Foucault, Freud y Nietzsche

Dino Toledo Delgado

El cuerpo: Foucault, Freud y Nietzsche

Reflexión sobre el cuerpo en la historia del pensamiento

Editorial Académica Española

Impresión
Información bibliográfica publicada por Deutsche Nationalbibliothek: La Deutsche Nationalbibliothek enumera esa publicación en Deutsche Nationalbibliografie; datos bibliográficos detallados están disponibles en internet en http://dnb.d-nb.de.

Imagen de portada: www.ingimage.com

Editor: Editorial Académica Española es una marca de
LAP LAMBERT Academic Publishing GmbH & Co. KG
Heinrich-Böcking-Str. 6-8, 66121 Saarbrücken, Alemania
Teléfono +49 681 3720-310, Fax +49 681 3720-3109
Correo Electronico: info@eae-publishing.com

Publicado en Alemania
Schaltungsdienst Lange o.H.G., Berlin, Books on Demand GmbH, Norderstedt,
Reha GmbH, Saarbrücken, Amazon Distribution GmbH, Leipzig
ISBN: 978-3-8465-6878-1

Imprint (only for USA, GB)
Bibliographic information published by the Deutsche Nationalbibliothek: The Deutsche Nationalbibliothek lists this publication in the Deutsche Nationalbibliografie; detailed bibliographic data are available in the Internet at http://dnb.d-nb.de.

Cover image: www.ingimage.com

Publisher: Editorial Académica Española is an imprint of the publishing house
LAP LAMBERT Academic Publishing GmbH & Co. KG
Heinrich-Böcking-Str. 6-8, 66121 Saarbrücken, Germany
Phone +49 681 3720-310, Fax +49 681 3720-3109
Email: info@eae-publishing.com

Printed in the U.S.A.
Printed in the U.K. by (see last page)
ISBN: 978-3-8465-6878-1

Agradecimientos

Antes que nada existe una persona sin la cual este trabajo no hubiese podido escribirse con todo mi aprecio y gratitud a Fernando Zabala, un gran maestro de filosofía y de la vida, un maestro que encendió en mi el amor por la filosofía y el pensar, para hacer de mi vida una vida mejor.Un maestro que recorrió desde Alemania a Valparaíso, dando y no pidiendo nada a cambio, un maestro que en su forma de actuar uno aprende lo que significa la gratitud.

Además, por supuesto dedico este trabajo a mi esposa Nicole y a las Catalinas; mi madre y mi hija.

ÍNDICE

INTRODUCCIÓN

Este presente trabajo se encuentra guiado bajo el objetivo general de promover una discusión acerca de como lo corporal, y su representante más significativo que es el sexo, han sido excluido de la tradición del pensamiento contemporáneo. Asimismo las dos preguntas que me propongo intentar en lo posible responder siguen bajo la óptica del objetivo general antes expuesto. Las preguntas que me hago son ¿por qué en la tradición del pensamiento filosófico occidental lo corporal y su representante directo, el sexo, no fue objeto de ningún tipo de discusión, sino que más bien fue algo asociado al mal o descalificado o negado como posible objeto de discusión?,La otra pregunta que me hago va del lado del psicoanálisis, en la cual me pregunto ¿Si el psicoanálisis, fue un sistema de pensamiento que intento pensar lo sexual, cual fueron sus aciertos y cuales fueron sus dificultades, como se nos aparece hoy en día su situación en la época en que vivimos?.

Para intentar desarrollar lo anterior, he dividido este trabajo en tres capítulos, la discusión pertinente y las conclusiones. Las fuentes que he consultado son conocidas, por ser autores contemporáneos. En el primer capitulo reviso las conceptualizaciones de Michel Foucault, y su historia de la sexualidad, en tanto generó problematizaciones al respecto. En el segundo capitulo abordo las conceptualizaciones desde Freud a Lacan, que son parte de las discusiones generadas al interior del psicoanálisis desde su fundación hasta uno de los seguidores más contemporáneos, que desarrollo su línea o mirada propia. En el tercer capitulo, hago una revisión de Nietzsche, que es según a mi juicio el pensador que comienza a pensar lo corporal, y que según mi opinión, será el promotor de lo que quizás hoy día es una de las variantes de pensar lo corporal, me refiero a la discusión de Género.

LA HISTORIA DE LA SEXUALIDAD Y SUS PROBLEMATIZACIONES EN FOUCAULT.

Pienso que al intentar hacer una lectura de foucault, es imprescindible comenzar con una afirmación que es de suma importancia, según Foucault (1) ". Determinada pendiente nos ha conducido, en unos siglos, a formular al sexo la pregunta acerca de lo que somos.y no tanto al sexo naturaleza (elemento del sistema viviente, objeto para una biología), sino al sexo-historia, o sexo significación; al sexo discurso. Nos colocamos nosotros mismos bajo el signo del sexo. No hay que engañarse bajo la gran serie de las oposiciones binarias(curpo-alma,carne-espíritu,instinto –razón, pulsiones - consciencia) Que parecía reducir y remitir el sexo a una pura mecánica sin razón, occidente ha logrado no sólo-no tanto-anexar el sexo a un campo de racionalidad(lo que sería nada notable.habituados como estamos, desde los griegos a tales "conquistas"),sino hacernos pasar casi por entero-nosotros ,nuestro cuerpo, nuestra alma, nuestra individualidad, nuestra historia-bajo el signo de una lógica de la concupiscencia y el deseo.Tal lógica nos sirve de clave universal cuando se trata de saber quiénes somos.".

Me parece sumamente valiosa la frase anterior pues nos remite, a pensar que lo que somos, es decir lo que conforma nuestro ser, está vinculado al sexo y su misterio, si es posible buscar alguna verdad de lo que somos, esa verdad nos remite a preguntar sobre nuestro sexo.

Lejos se está de la hipótesis en la cual el sexo habría sido reprimido, coaccionado Foucault (1) nos dice "Los discursos sobre el sexo no han dejado de proliferar: una fermentación discursiva que se acelero desde el siglo XVIII. Pero lo esencial es la multiplicación de discursos sobre el sexo en el campo del ejercicio del poder mismo: incitación institucional a hablar de sexo, y cada vez más.".El mismo foucault nos dirá (1) "Este proyecto de una puesta en discurso del sexo se había formado hace mucho tiempo, en una tradición ascética y monástica. El siglo XVIII la convirtió en regla para todos. Se plantea un imperativo: no solo confesar los actos contrarios a la ley, sino intentar convertir el deseo, todo el deseo en discurso. La pastoral cristiana ha inscrito como deber fundamental llevar todo lo tocante al sexo al molino sin fin de la palabra.".

Podríamos decir, que la necesidad de poner el sexo en discurso fue una nueva manera de anexar el poder de nuestra sexualidad que en últimas instancias, nos remite al cuerpo y su control. No es que en la historia de la sexualidad, esta tarea no se hubiera llevada a cabo antes, lo encontramos en el mundo grecorromano en la búsqueda de una estética, en la pastoral cristiana con las problematizaciones de lo moral, pero es a partir de la unión sexo y discurso donde se empieza a crear un discurso racional sobre la sexualidad, que tendrá la pretensión de transformarse en un procedimiento científico a partir de siglo XVIII.En la búsqueda, de como en el ejercicio del poder se intenta la anexión del placer Foucault(1) nos mencionara "Poder y placer no se anulan; no se vuelven el uno contra el otro; se persiguen, se encabalgan y se reactivan. Se encadenan según mecanismos complejos y positivos de excitación y de incitación. Sin duda, pues, es preciso abandonar la hipótesis de que las sociedades industriales modernas inauguraron acerca del sexo una época de represión acrecentada. No solo se asiste a una explosión visible de sexualidades histéricas. También –y este es el punto importante-un dispositivo muy diferente de la ley, incluso si se apoyan localmente en procedimientos de prohibición, asegura por medio de una red de mecanismos encadenados la proliferación de placeres específicos y la proliferación de sexualidades dispares.".

Podríamos incluso afirmar que en la medida que ocurre la anexión sexo y discurso lo que se intenta es producir una verdad entorno a nuestro sexo, sin embargo, la verdad es producida en este mundo debido a múltiples ejercicios y estrategias que se encuentran indirecta y directamente ligado a los múltiples ejercicios del poder (la humanidad no es habladora sino peleadora). El mismo Foucault (1) nos mencionara que "ha habido históricamente dos grandes procedimientos para producir la verdad del sexo. Por un lado, las sociedades-fueron numerosas: china, Japón, india, roma, las sociedades Árabes musulmanas- que se dotaron de un *ars erótica*. En el arte erótico, la verdad es extraída del placer mismo. Así se constituye un saber que debe permanecer en secreto, no por una sospecha de infamia que mancharía su objeto, sino por la necesidad de mantenerlo secreto, ya que según la tradición perdería su eficacia y virtud si fuera divulgado. Nuestra civilización no posee ninguna *ars erótica*. Como desquite, es sin duda la única en practicar una *scientia sexualis,* O mejor: en haber desarrollado durante siglos, para decir la verdad del sexo, procedimientos que en lo esencial corresponden a una forma de saber rigurosamente opuesta al arte de las iniciaciones y al secreto magistral: se trata de la *Confesión.*"

Es a partir de la creación de la confesión y por ende la penitencia, que se va generando todo un dispositivo de poder entorno al sexo, donde el poder se ejerce no desde el que escucha sino de quien habla, donde existe la necesidad de contarlo todo frente a los hechos. Durante mucho tiempo permaneció sólidamente encastrada en la práctica de la penitencia. Pero poco a poco, después del protestantismo, la contrarreforma, la

5

pedagogía del siglo XVIII y la medicina del siglo XIX, perdió su ubicación ritual y exclusiva; se difundió hasta muy lejos sus efectos: en la justicia, en la medicina, en la pedagogía, en las relaciones familiares, en las relaciones amorosas, en el orden de lo más cotidiano; se la utilizo en una serie de relaciones: niños y padres, alumnos y pedagogos, enfermos y psiquiatras, delincuentes y expertos, sin embargo, este cambio hizo pasar de la práctica de la confesión de la pastoral cristiana a un dispositivo con pretensión de cientificidad, una ciencia confesión, una ciencia que se apoyaba en los rituales de la confesión y sus contenidos. El mismo Foucault (1) se preguntara "¿cómo se logró constituir esa inmensa y tradicional extorsión de confesión sexual en formas científicas?

1) Por una codificación clínica del "hacer hablar": Combinar la confesión con el examen, el relato de sí mismo con el despliegue de un conjunto de signos y síntomas descifrables.

2) Por el postulado de una causalidad general y difusa: él deber de decirlo todo y él poder interrogar acerca de todo encontrara su justificación en el principio de que el sexo esta dotado de un poder causal inagotable y polimorfo.

3) Por el principio de una latencia intrínseca de la sexualidad: si hay que arrancar la verdad del sexo con la técnica de la confesión, no sucede así simplemente porque sea difícil de decir o este bloqueada por las prohibiciones de la decencia, sino porque el funcionamiento del sexo es oscuro; porque esta en su naturaleza escapar siempre, porque su energía y sus mecanismos se escabullen.

4) Por el método de la interpretación: si hay que confesar, no es solo porque el confesor tenga el poder de perdonar, consolar, y dirigir, sino porque el trabajo de producir la verdad, si se quiere validarlo científicamente debe pasar por esa relación. La verdad no reside en el sujeto solo que, confesando la sacaría a la luz se constituye por partida doble: presente, pero incompleta, ciega ante sí misma dentro del que habla, solo puede completarse en aquel que la recoge. A este le toca decir la verdad de esa verdad oscura. Su función es hermenéutica, su poder no consiste sólo en exigirla, consiste en constituir, a través de la confesión y descifrándola, un discurso verdadero.

5) Por la medicalización de los efectos de la confesión: la obtención de la confesión y sus efectos son otra vez cifrada en la forma de operaciones terapéuticas. Lo que significa en primer lugar que el dominio del sexo ya no será colocado bajo el dominio de la falta y el pecado, del exceso o trasgresión, sino- lo que es más que una transposición-bajo el régimen de lo normal y lo patológico; por primera vez se define una morbilidad propia de lo sexual. .".

Me parece importante que a este nivel, se pueda mencionar que entiende Foucault por poder, en palabra del mismo Foucault (1) "El poder está en todas partes no es que lo englobe todo, sino que viene de todas partes. Me parece que por poder hay que comprender, primero, la multiplicidad de las relaciones de fuerzas inmanentes y propias del dominio en que se ejercen que son constitutivas de su organización. Quizás, si aún se quiere mantener una distancia entre guerra y política, se debería adelantar que en esa multiplicidad de las relaciones de fuerzas pueden ser cifradas-en parte y nunca totalmente- ya sea en forma de guerra, ya en forma política; constituirían dos estrategias diferentes (pero prontas a caer una en la otra) para integrar las relaciones de fuerza desequilibradas, heterogéneas, inestables, tensas.

Siguiendo en esa linease podría adelantar cierto número de proposiciones:

- Que el poder no es algo que se adquiera, arranque o comparta, algo que se conserve o se deje escapar; el poder se ejerce a partir de innumerables puntos, y en el juego de relaciones móviles y no igualitarias;
- Que las relaciones de poder no están en relación de exterioridad respecto de otros tipos de relaciones (procesos económicos, relaciones sexuales, relaciones de conocimiento).
- Que el poder viene de abajo; es decir, que no hay, en el principio de las relaciones de poder, y como matriz general, una oposición binaria y global entre dominadores y dominados, reflejándose esa dualidad de arriba abajo y en grupos cada vez más restringidos, hasta las profundidades del cuerpo social.
- Que las relaciones de poder son a la vez intencionales y no subjetivas. No hay poder que se ejerza sin una serie de miras y objetivos.
- Que donde hay poder hay resistencia no obstante(o mejor: por lo mismo) ésta nunca está en posición de exterioridad respecto del poder. No puede existir más que en función de una multiplicidad de resistencias.".

Una vez enumeradas las anteriores proposiciones, lo que Foucault le interesa no es hacer una teoría, sino más bien una analítica del poder y su intento de apresar el sexo al discurso. El mismo manifestará que esta analítica tendrá ciertos rasgos, en palabras de Foucault (1) "He aquí unos de los rasgos principales:

❑ La relación negativa. Entre poder y sexo, establece relación ninguna sino de modo negativo: rechazo, exclusión, barrera, desestimación, y aun ocultación y mascara. El poder nada "puede" sobre el sexo y los placeres salvo decirle NO.

- La instancia de la regla. El poder sería lo que dicta al sexo su ley. El poder apresa el sexo mediante el lenguaje o más bien por un acto de discurso que crea por el hecho mismo de articularse, un estado de derecho. Habla, y eso es la regla.

- El ciclo de lo prohibido: No te acercaras, no tocaras, no consumirás, no experimentarás placer, no hablaras, no aparecerás; en definitiva, no existirás, salvo en la sombra y en el secreto. Su objetivo: que el sexo renuncie así mismo. Su instrumento: la amenaza de un castigo. Tu existencia no será mantenida sino al precio de tu anulación.

- La lógica de la censura. Se supone que este tipo de prohibición adopta tres formas: afirmar que eso no está permitido, impedir que eso sea dicho, negar que eso exista.

- La unidad del dispositivo. El poder sobre el sexo se ejercería de la misma manera en todos los niveles. De arriba abajo, en sus decisiones globales como en sus intervenciones capilares, cualesquiera sean sus aparatos o las instituciones en las que se apoye, actuaría de manera uniforme y masiva.".

Estos rasgos conformarían una analítica del poder, que inauguraría a partir del siglo XVIII cuatro estrategia que articularían saber y poder en: la histerización del cuerpo de la mujer, la pedagogización del sexo en el niño, la socialización de las conductas procreadoras y la psiquiatrización del placer perverso. Si estas estrategias se producen, es para la producción misma de la sexualidad. Se puede afirmar que con relación al sexo en toda sociedad históricamente produjo un dispositivo de alianza (sistema de matrimonios y parentesco, de transmisión de nombre y bienes), pero que a partir de las sociedades occidentales modernas, inventaron a partir del siglo XVIII un nuevo dispositivo que no reemplazo al anterior y que podríamos afirmar que coexiste hasta nuestros días. Este es el dispositivo de sexualidad que en su comparación Foucault (1) nos dirá "El dispositivo de alianza se edifica entorno a un sistema de reglas que definen lo permitido y lo prohibido, lo prescrito y lo ilícito; el de sexualidad funciona según técnicas móviles, polimorfas y coyunturales de poder. El dispositivo de alianza tiene entre sus principales objetivos el de reproducir el juego de las relaciones y mantener la ley que las rige. Para el primero lo pertinente es el lazo entre dos personas de estatuto definido; para el segundo, lo pertinente son las sensaciones del cuerpo, la calidad de los placeres la naturaleza de las impresiones por tenues o imperceptibles que sean. Finalmente, si el dispositivo de alianza está fuertemente articulado con la economía a causa del papel que puede desempeñar en la transmisión o circulación de las riquezas, el dispositivo de sexualidad está vinculado a la economía a través de mediaciones numerosas y sutiles, pero la principal es el cuerpo-el cuerpo que produce y consume. En una palabra, el dispositivo de alianza sin duda está orientado a una homeostasis del cuerpo social, que es su función mantener; de ahí su vinculo privilegiado con el derecho; de ahí también que para él, el tiempo fuerte sea el de la "reproducción". El dispositivo de sexualidad no tiene como razón de ser el hecho de reproducir, sino el de proliferar, innovar, anexar, inventar, penetrar los cuerpos de manera cada vez más detallada y controlar las poblaciones de manera cada vez más global."

Podría sugerirse que en la conformación de este nuevo dispositivo, el ejercicio del poder no tuvo como blanco a las clases trabajadoras, sino que tomo como foco la burguesía. Su objetivo fue centrarse en el cuerpo, cuerpo que fue sexualidad por la familia burguesa, para después difundirlo sexualizado a todo el cuerpo social. Lo que en el interior al dispositivo de sexualidad queda como un elemento irreductible y silencioso es la noción de "sexo". Toda una analítica se desarrollara por ligarlo más tarde o más temprano un ejercicio de dominio del cuerpo y fundamentalmente de la vida. Se establecerá un biopoder y una política de lo viviente, en ultima instancia es la vida donde se hacen la apuesta de las luchas políticas; el derecho a la vida, al cuerpo, a la salud, a la felicidad las satisfacciones de las necesidades, encontrar lo que uno es y todo lo que uno puede ser, si en última instancia se apela a la vida, es por que a lo viviente se encuentra asociado; El cuerpo, los placeres los que son atrapados por una dinámica de lo que podríamos llamar el buen o mal vivir. Una sociedad normalizadora fue el efecto histórico de una tecnología de poder centrada en la vida.

Lo que está proponiendo Foucault (2), en esta obra es pensar, al tomar como dominio de referencias, la antigüedad clásica hasta los primeros siglos del cristianismo, es intentar hacer "la historia del hombre de deseo" que en sus propias palabras Foucault(2) nos dirá "Debía escoger: o bien mantener un plan establecido, acompañándolo de un rápido examen histórico de dicho tema del deseo, o bien reorganizar todo el estudio alrededor de la lenta formación, en la antigüedad, de una hermenéutica de sí. Opté por este último partido, mientras reflexionaba que, después de todo, aquello a lo que me he sujetado-aquello que me he querido sujetar desde hace muchos años.Es una empresa que busca desbrozar algunos de los elementos que podrían ser útiles a una historia de la verdad. Una historia que no sería aquella de lo que puede haber de cierto en los conocimientos, sino un análisis de los *JUEGOS DE VERDAD"*, de los juegos de falso y verdadero a través de los cuales el ser se constituye históricamente como experiencia, es decir como poderse y deberse ser pensado. ¿A través de que juegos de verdad el ser humano se ha reconocido como hombre de deseo?" Lo que le interesa a Foucault no es analizar los comportamientos, las ideologías, ni las sociedades, sino las problematizaciones que surgen en la antigüedad, específicamente en la cultura griega y greco latina en lo que Foucault(2) llama "las artes de las existencias" el mismo las definió o las delimito como "por ellas hay que entender las prácticas sensatas y voluntarias por las que los hombres no sólo se fijan reglas de conductas, sino que buscan transformarse a sí mismo, modificarse en su ser singular y hacer de su vida una obra que presenta ciertos valores estéticos y responde a ciertos criterios de estilos. Estas "artes de la existencia", estas "técnicas de sí" sin duda han perdido una parte de su importancia y autonomía, una vez integrada al cristianismo. Al ejercicio de un poder pastoral y más tarde a prácticas de tipo educativo, medico o psicológico". A hora bien, las problematizaciones y sus formas que marcan la ética cristiana ya estaba claramente en el corazón del pensamiento grecorromano expresados; en un temor, un modelo de comportamiento, la imagen de una actitud descalificada, un ejemplo o modelo de abstinencia de abstinencia, sin embargo, el mismo Foucault(2) nos menciona "no hay que concluir que la moral cristiana del sexo en cierta manera estuviera "preformada" en el pensamiento antiguo; Más bien hay que pensar que muy pronto, en la reflexión moral de la antigüedad, se formo una temática- "una cudritematica"-de la austeridad sexual, alrededor y a propósito de la vida del cuerpo, de la institución del matrimonio, de las relaciones entre hombres y de la existencia de la sabiduría". El mismo Foucault (2) se preguntara "Supongamos que nos preguntamos en que puntos "la moral sexual del cristianismo" se ha opuesto con mayor claridad a la "moral sexual del paganismo antiguo": ¿prohibición del incesto, dominación masculina, sujeción de la mujer? .No son éstas, sin duda, las respuestas que nos darían: Conocemos la extensión y la constancia de estos fenómenos en sus diversas formas. Más verosímilmente, propondríamos otros puntos de diferenciación. El valor del acto sexual mismo: el cristianismo lo habría asociado con el mal, el pecado, la caída, la muerte, mientras que en la antigüedad lo habrían dotado de significaciones positivas. La delimitación del compañero legitimo: el cristianismo se diferencia con las sociedades griegas o romanas, solo lo aceptaría por el matrimonio monogámico y, dentro de esta conyugalidad, le impondría una finalidad exclusivamente procreadora. La descalificación de las relaciones entre individuos del mismo sexo: el cristianismo las habría excluido rigurosamente mientras que en Grecia las habría exaltado en roma aceptado- por lo menos entre los hombres. A estos tres puntos de oposición principal podríamos añadir el alto valor moral y espiritual que el cristianismo, a diferencia de la moral pagana, habría prestado a la abstinencia rigurosa la castidad permanente y a la virginidad. En suma, sobre todo estos puntos: Naturaleza del acto sexual, fidelidad monogamica.relaciones homosexuales, castidad-, parecería que los antiguos habrían sido más bien indiferentes. Ahora bien, esto no es muy exacto, y será fácil demostrarlo. Podríamos establecerlo haciendo validos los prestamos directos y las continuidades que pueden comprobarse entre las primeras doctrinas cristianas y la filosofía moral de la antigüedad". Si bien no se puede hablar de "preformismo", los elementos ya estaban el pensamiento de la antigüedad, a partir de las problematizaciones anteriormente descritas, y ya era posible, al interior de las artes de la existencia, la asociación en el futuro, de una regulación más efectiva sobre los placeres, que más tarde o más temprano caerán en la noción del mal, el pecado y un control más exhaustivo del cuerpo, hecho por la pastoral cristiana.

Foucault (2) en "la problematización moral de los placeres" recurrirá a textos muy dispares como los de jenofonte, platón y Aristóteles no en "su contexto doctrinal" sino más bien "el campo de problematización que le es común". En palabra de Foucault(2) "contemplare cuatro nociones que encontramos con frecuencia en la reflexión sobre la moral sexual: la noción de *aphrodisia,* a través de la cual podemos captar lo que, en el comportamiento sexual era reconocida "sustancia ética"; la del "uso" de *chresis*, que permite captar el tipo de sujeción al que la práctica de estos placeres debería someterse para ser valorada moralmente; la noción de *enkrateia*, de dominio que define la actitud necesaria ante uno mismo para constituirse como sujeto moral; finalmente la de "templanza", de "sabiduría" de *sophrosyne* que caracteriza al sujeto moral en su realización. Así podremos cernir lo que estructura la experiencia moral de los placeres sexuales-su ontología, su deontología ascética y su teleología.".Foucault (2) en este capitulo ira haciendo constantemente comparaciones entre estas nociones de la antigüedad y la moral cristiana.

Se puede entender que las Aphrodisia son actos, gestos, contactos, que buscan cierta forma de placer. Foucault (2) menciona que "para Aristóteles en la ética nicomaquea se interroga para saber cuales son precisamente, aquellos. Que merecen llamarse "intemperantes", su definición es cuidadosamente restrictiva: sólo los placeres del cuerpo revelan la intemperancia, la akolasia, y, entre aquellos, hay que excluir los de la vista, los del oído, y los del olfato. No es intemperante encontrar placer (charein) en los colores, en

11

los gestos, en los dibujos, no más que en el teatro o en la música; sin intemperancia podemos encantarnos con el perfume de las frutas, de las rosas y del incienso.".Siguiendo la idea anterior Foucault (2) establece la diferencia de la experiencia cristiana "uno de los rasgos característicos de la experiencia cristiana de la "carne", además de la sexualidad, será que el sujeto sea aquí llamado a sospechar con frecuencia y a reconocer desde lejos las manifestaciones de un poder inexorable, dócil y terrible que es tanto más necesario descifrar cuanto que es capaz de emboscarse bajo muchas otras formas que la de los actos sexuales. No hay tal sospecha tras la experiencia de las aphrodisia.".Para los antiguos lo que les interesa es su dinámica más que su morfología, esta dinámica es definida por el movimiento que une a las aphrodisia, en palabras de Foucault (2) "La atracción ejercida por el placer y la fuerza del deseo que lleva a él constituyen, con el acto mismo de las aphrodisia, una unidad sola. Tal será por consiguiente uno de los rasgos de la ética de la carne y del concepto de sexualidad: LA DISOCIACIÓN- aunque sea parcial- de este conjunto. Esta disociación se distinguirá, por un lado, por cierta "elisión" del placer(desvalorización moral por la prescripción dada en la pastoral cristiana a no buscar la voluptuosidad como fin de la práctica sexual: desvalorización teórica que se traduce en la extrema dificultad de dar su lugar al placer en la concepción de la sexualidad, igualmente, se distinguirá por una problematización cada vez más intensa del deseo(en él se verá la señal original de la naturaleza caída del pecado o la estructura propia del ser humano)Al contrario, en las experiencias de la aphrodisia, acto, deseo y placer forman un conjunto cuyos elementos, desde luego, pueden distinguirse, pero están fuertemente ligados unos a otros. Aristóteles nos recuerda: "el objeto del deseo es lo agradable" (hë gar epithimia tou hëdeos estin). Cierto que- Platón vuelve a ello con frecuencia-no podría haber deseo sin privación, sin carencia de la cosa deseada, y sin mezcla por consiguiente de cierto sufrimiento; pero el apetito, explica Filebo, sólo puede provocarse con la representación, imagen o el recuerdo de lo que da placer; de ahí concluye que no podría haber deseo más que en el alma, ya que si el cuerpo es alcanzado por la carencia, es el alma y solo el alma la que puede por el recuerdo hacer presente lo que se desea y así suscitar la epithymia. L o cual parece constituir para los griegos, dentro del orden de la conducta sexual el objeto de la reflexión moral, y no exactamente el propio acto, o el deseo, o incluso el placer; se trata más bien de la dinámica que los une a los tres de manera circular (el deseo que lleva al acto, el acto que está ligado al placer y el placer que suscita el deseo)." La problemática ética está en la fuerza que se instaura en está dinámica, en la experiencia ética de los griegos reconoce, que lo inmoral en el terreno de las aphrodisia interviene dos variables una cuantitativa, en la cual se encuentra el exceso, el número y frecuencias de los actos.y otra que se podría denominar funcional o polaridad donde se encuentra la pasividad. El exceso y la pasividad son para el hombre las mayores fuentes de inmoralidad. Es importante tomar nota que la asociación entre moral sexual y la mesa es un hecho constante en el mundo griego, y por tanto el exceso que va más allá de la necesidad y se sustrae a la actividad, que es condición natural del hombre, entendamos que el mundo griego es un mundo de hombres hecho para hombre y lo ético asume una condición "VIRIL". Un hombre por naturaleza está en el terreno de la actividad, sin embargo, por está condición natural las aphrodisias son un placer subordinado o inferior en el terreno ético, pues parte de una necesidad que es homologa al mundo animal; La necesidad de alimentarse, y dejar tras sí una progenie. Es por eso que cuando Foucault(2) agrega que " si es necesario, como dice Platón imponerle los tres frenos más fuertes-el temor, la ley y el discurso verdadero-si son necesarios, según Aristóteles, que la facultad de desear obedezca a la razón como el niño a los mandatos del maestro, la razón no radica en que la actividad sexual sea un mal; Tampoco es porqué correría el riesgo de desviarse con relación a un modelo canónico; pero sí porque desencadena una fuerza, una energía que por sí misma pasa al exceso. En la doctrina cristiana de la carne, la fuerza excesiva del placer encuentra su principio en la caída y en la falta que señala desde entonces a la naturaleza humana.". Para el mundo griego el problema radicara en como enfrentar esa fuerza, como dominarla y asegurar una conveniente economía.

Foucault (2) menciona Aristóteles para introducir la chrësis, en cuanto al buen uso de los placeres": Todos los hombres, en efecto, gozan en algún modo los manjares, los vinos y los placeres del sexo, pero no todo lo hacen de la manera debida (ouch' hös dei)."

La chrësis, como término se relaciona con las modalidades de un "uso" con relación a los placeres en general se relaciona también con la actividad sexual, en la forma en que el individuo dirige su actividad sexual, su manera de conducirse en este orden de cosas, sin embargo, como sostiene Foucault(2) "No se trata de lo que está permitido o prohibido entre los deseos que se experimentan o los actos que se realizan, sino de prudencia, de reflexión, de cálculo en la forma que se distribuyen y en que se controlan los actos. En el uso de los placeres, si bien es cierto que hay que respetar las leyes y costumbres del país, las reglas morales a las que uno se somete están muy lejos de lo que puede constituir una sujeción a un código bien definido.".

Puede reconocerse que la reflexión se realiza en el uso de los placeres, siguiendo una triple necesidad: una sería la de la necesidad y de lo que se ha vuelto necesario por naturaleza, el otro el de la oportunidad, el momento adecuado, y el tercero el del estatuto del propio individuo. En cuanto a la necesidad Foucault (2) nos menciona "el objetivo no es anular el placer; se trata al contrario de mantenerlo y mantenerlo por la necesidad que suscita el deseo. Sócrates recuerda " el hambre, la sed, los deseos amorosos(aphrodisiön epithimia), el insomnio, cosas que sólo ellas nos hacen encontrar placenteros el comer, el beber, el amar, el reposar, el dormir, necesidades que mediante la espera y la privación, hacen que el deseo se acreciente(hös eni hëdista)." Por tanto, la templanza como modelo ético, más que una obediencia a un sistema de leyes, es un arte, una práctica de los placeres.

Otras de las estrategias serían las del momento oportuno, el kairos. En esa importancia del momento oportuno, hasta el incesto es condenable no por la ley, sino bajo la forma de un destiempo, Foucault (2) menciona, que Sócrates plantea sin equívocos que " la prohibición de la promiscuidad entre un padre y sus hijas, entre un hijo y su madre" constituye un precepto universal, establecido por los dioses: la prueba la ve en el hecho de que quienes lo transgreden reciben un castigo.ahora bien, este castigo consiste en que, a pesar de las cualidades intrínsecas que puedan tener los padres incestuosos, su descendencia es mal recibida. ¿Y por qué? Porque han desconocido el principio del "momento" y mezclado a destiempo la simiente de los genitores, de los que uno es forzosamente más viejo que el otro: Se trata siempre de "procrear en malas condiciones", engendrar cuando no se está "en la flor de la vida".".En este momento oportuno es también donde se limitan los mejores momento para unirse a una mujer; Foucault (2) rescata a Aristóteles y nos menciona que "Después de los veintiún años, las mujeres presentan buenas condiciones para tener hijos, mientras que los hombres todavía deben desarrollarse".

La estrategia de uso de los placeres, conforme al estatuto, nos dice que en el arte de usar los placeres deben modularse, tomando en consideración de quien lo usa y según el estatuto que le convenga. Foucault (2) nos comenta "El autor de los eróticos (atribuido a Demóstenes) siguiendo al banquete: Todo espíritu sensato sabe que las relaciones amorosas de un muchacho no son "virtuosas o deshonestas de manera absoluta", sino que "difieren de todo a todo según cada interesado"; sería pues "poco razonable seguir la misma máxima en todos los casos". "Si alguien es de condición obscura u humilde.Nosotros no lo criticamos, aun en el caso de una falta poco honorable"; al contrario, sí, como el propio epícrates, se "se ha encumbrado a la notoriedad, el menor olvido sobre un punto que incide sobre el honor lo cubre de vergüenza".

Se constata como en el mundo antiguo, la templanza como cualidad debe estar en aquellos que ocupan, un rango, posición y responsabilidad en la ciudad. Jenofonte citado por Foucault (2) muestra las ventajas de la templanza según el estatus "si hubiera de formar dos discípulos, uno que debiera llevar una vida cualquiera y el otro destinado a mandar, ¿a cuál de los dos enseñaría a ser "dueño de sus deseos amorosos", para que no le impidiera hacer lo que debería hacer?". Obviamente aquel que ocupa un rango en la ciudad le es necesario poseer dominio de sí mismo, siendo conveniente que los que son esclavos sean intemperantes. Como se verá los individuos no son sujetados a una ley universal, todo depende de circunstancia y posición personal, más que una ley universal, vemos una techné o de una práctica, una habilidad que tomando principio generales, guiará la acción en su momento, según su contexto y en función de sus fines.

Con relación a enkrateia, nos dice Foucault (2) que "en la lengua clásica se utiliza un término para designar esta forma de relación con uno mismo, esta "actitud" necesaria a la moral de los placeres y que se manifiesta en el buen uso que de ella se hace: enkrateia. De hecho, la palabra fue por largo tiempo vecina de söphrosynë: con frecuencia encontramos que se las usa juntas o alternadas." "No llegan a ser sinónimos exactos. Cada una refiere a un modo algo distinto con uno mismo. La virtud de söphrosynë es más bien lo que se describe como un estado muy general que asegura que nos conduzcamos "como es debido ante los dioses y ante los hombres", es decir que seamos no sólo temperantes sino piadosos y justos y también valerosos. Al contrario, la enkrateia se caracteriza más bien por una forma activa de dominio de uno mismo, que permite resistir o luchar, y asegurar su dominio en el campo de los deseos y de los placeres. Según H.North, Aristóteles habría sido el primero en distinguir sistemáticamente entre la söphrosynë y la enkrateia. En la ética nicomaquea, la primera se caracteriza por el hecho que el sujeto elige deliberadamente entre los principios de acción acordes con la razón, que es capaz de aplicarlas y seguirlas, que así mantiene, en su conducta, él "justo medio" entre la insensibilidad y los excesos, y que goza con la moderación de que da puebas; a la söphrosynë se le opone la intemperancia" por tanto la söphrosynë se acerca a la idea de templanza, prudencia. , Sin embrago la enkrateia como lo manifiesta Foucault (2) "La enkrateia con su opuesto la akrasia, se sitúa en el eje de la lucha, de la resistencia, y del combate: es moderación y tensión"continencia", la enkratia domina los placeres y los deseos, pero necesita luchar para vencerlos. A diferencia del hombre temperante, el "continente" experimenta otros placeres que no los conformes a la razón; pero no se deja arrastrar por ellos y su mérito será tanto más grande cuanto más fuertes sean estos deseos. En este sentido, la enkrateia es la condición de la söphrosynë, la forma de trabajo y de control que el individuo debe ejercer sobre sí mismo para volverse temperante (söphrön). En todo caso, el término enkrateia en el vocabulario clásico parece referirse en general a la dinámica de un dominio de uno mismo por sí mismo y al esfuerzo que requiere." .En la ética cristiana aparece un Otro que por medio de engaños e ilusiones nos pone a prueba en la ética antigua es más bien una justa con uno mismo, luchar contra los deseos y placeres es medirse con uno mismo, como lo manifiesta Platón citado por FoucaultT(2) "Cuando lo superior por naturaleza tiene bajo su poder a lo inferior, se dice, y por cierto con alabanza, que tal sujeto es dueño de sí mismo. Cuando, por al contrario, a causa de la mala crianza o compañia, lo superior es más endeble, es dominado por la muchedumbre de lo inferior, censurase esto como aprobio, y del que está en esta disposición se dice que es esclavo de sí mismo y que es intemperante." "De la misma manera, es preciso concebir que si en la vida pública todo hombre es para todo hombre un enemigo, en la vida privada cada quién frente así mismo, lo es para sí mismo, y de todas las victorias que es posible conseguir, la primera y la más gloriosa es la que se obtiene sobre uno mismo, mientras la más vergonzosa de las derrotas, la más ruin, consiste en ser vencido por uno mismo.".Como se puede apreciar, él poder establecer una relación de dominio sobre los deseos y los placeres, del tipo "dominación-obediencia" es lo que hace al sujeto virtuoso y no es como en la espiritualidad cristiana una relación de tipo "elucidación-renuncia o desciframiento-purificación". En la ética antigua se desprende que el enfrentar los deseos y no huir (espiritualidad cristiana), venciéndolos a través de una lucha de uno contra uno mismo, es lo que otorgaba un valor moral pero para ello era necesario un entrenamiento. Foucault (2) citando Jenofonte dirá "si no ejercitamos el cuerpo, no podemos llenar las funciones del cuerpo (ta tou sömatos erga); Igualmente, si no ejercitamos el alma, no podemos llenar las funciones del alma: entonces somos incapaces de hacer lo debido y de abstenernos de lo que hay que evitar.".Foucault (2) citando a Platón dirá "Asociara esta exigencia del ejercicio, con la necesidad de ocuparse de uno mismo: La EPIMELEIA HEAUTOU, la aplicación a uno mismo, que es condición previa para ocuparse de los demás y dirigirlos, no sólo implica la necesidad de conocer (de conocer lo que se ignora, de conocer que se es ignorante, de conocer lo que se es), sino aplicarse efectivamente a uno mismo y de ejercitarse uno mismo y transformarse". La tradición posterior, en la espiritualidad cristiana mantendrá y aumentara los ejercicios, en distintas formas como la meditación, el examen de conciencia entre otras. El hombre es libre en la medida que pueda ejercer una soberanía sobre sí mismo, en la medida que pueda ocuparse de sí mismo y enfrentar y vencer los deseos y placeres, es en esa libertad-poder que Foucault (2) dirá que"esta libertad-poder que caracteriza el modo de ser del hombre temperante, no puede concebirse sin una relación con la verdad. Dominar sus placeres y someterlos al logos no forma más que una sola y la misma cosa: el temperante, dice Aristóteles, sólo desea lo que prescribe la recta razón (orthos logos). El que no se pueda practicar la templanza sin una cierta forma de saber que, por lo menos, es una de sus condiciones esenciales. No podemos constituirnos como sujeto moral en el uso de los placeres sin constituirnos al mismo tiempo como sujeto de conocimiento. La relación con el logos en la práctica de los placeres ha sido descrita por la filosofía griega del siglo IV de tres formas principales. Una forma estructural: La templanza implica que el logos sea colocado en una posición de soberanía en el ser humano y que pueda someter los deseos y que esté en situación de regular el comportamiento. Y en un espíritu bastante afín, Jenofonte, mostraba que el hombre de templanza era también el hombre de la dialéctica-capaz de mandar y de discutir, capaz de ser el mejor- y finalmente, en Platón, el ejercicio del logos en la templanza aparecía bajo una tercera forma: La del reconocimiento ontológico de uno por sí mismo. Era tema socrático el de la, necesidad de conocerse a uno mismo para practicar la virtud y dominar los deseos."

Para el mundo antiguo, las problematizaciones que ocuparan el régimen del cuerpo(la dietética), la relación conyugal(la económica) y el amor por los muchachos(la erótica), tendrá siempre el esquema de una sociedad viril, donde lo que se busca es el dominio de sí mismo, en una técnica de sí, es por eso que, al abordar el tema de los regímenes en la dietética, que se ocupa de la salud del cuerpo, existe un apartado que vincula el acto sexual, el gasto y la muerte. En palabras de Foucault (2) "los griegos no ven en el acto sexual un mal; para ellos, no es objeto de una descalificación ética. Pero los textos dan testimonio de una inquietud que alcanza a esa misma actividad, inquietud que gira alrededor de tres focos: la forma misma del acto, el costo que entraña, y la muerte a la que está ligado.". En cuanto a la forma del acto se resalta la violencia, de un esquema viril, donde se toma la perdida de semen como una perdida de la sustancia vital, la que da vida, con la consecuencia para quien la pierde, en cuanto a su mala utilización. Ahora bien la reflexión médica y filosófica no asocia el miedo del gasto de la actividad sexual y la muerte sino que las une también a la reproducción; como Platón lo manifiesta citado por Foucault (2) "existe en el ser humano, que no quiere ser, una vez que ha dejado de vivir, un muerto sin gloria y "sin nombre"". O como en Aristóteles "donde el lazo de la actividad sexual con la muerte y la inmortalidad se expresa bajo la forma platonizante de un deseo de participación con lo que es eterno". Puede verse como el cuerpo, fue objeto de reflexiones que involucraba a lo sexual, y de ahí toda una serie de actividades que pretendía controlar este gasto y darle una finalidad. Foucault (2) mencionará "violencia que escapa a la voluntad, gasto que extenúa las fuerzas, procreación ligada a la futura muerte del individuo. El acto sexual no inquieta porque dé realce al mal sino porque perturba y amenaza la relación del individuo consigo mismo y su constitución como sujeto moral.trae consigo, si no se le mide y distribuye como se debe, el desencadenamiento de la energía y la muerte sin descendencia honorable.".

Este "largo verano" del pensamiento griego del siglo IV, fue dando paso a una reflexión moral en los dos primeros siglos de nuestra era, a una acentuación y reforzamiento de los temas de austeridad. Del lado de la dietética y de la problematización de la salud, el cambio se señalo por una inquietud cada vez más intensa, de definiciones más extensa de las correlaciones entre el acto sexual y el cuerpo, una atención más viva a los efectos perturbadores y un miedo al que se lo iba emparentado con enfermedades y el mal. Del lado de la mujer y del matrimonio una revalorización del lazo conyugal, que se hace poco a poco universal y finalmente en cuanto a la erótica o amor de los muchachos se va imponiendo una abstinencia más marcada.

En la reflexión moral ulterior que sé ira abriendo camino poco a poco la relación con uno mismo ira tomando otro acento que según Foucault(3) "Esas morales definirán otras modalidades de la relación con uno mismo: una caracterización de la sustancia ética a partir de la finitud, de la caída y del mal; un modo de sometimiento en la forma a una ley general que es al mismo tiempo voluntad de un dios personal; un tipo de trabajo sobre uno mismo que implica desciframiento del alma y hermenéutica purificadora de los deseos; un modo de cumplimiento ético que tiende a la renuncia a uno mismo."

Es curioso que en la historia que nos antecede, se halla comenzado con un cultivo de sí, un preocuparse de sí mismo y se halla terminado con una renuncia a sí mismo. En la medida que reconozcamos que nuestra occidentalidad está marcada por la ética del cristianismo, podremos comprender mejor lo que somos, y nuestra historia si la remontamos al mundo griego, y fundamentalmente a su pensamiento, es necesario rescatar, que es lo que se entendió como cultivo de sí. Según Foucault (3) "Se puede caracterizar este "cultivo de sí" por el hecho de que el arte de la existencia-la technë tou biou bajo sus diferentes formas- se encuentra dominado aquí por el principio de que hay que "cuidar de sí mismo"; es el principio de la inquietud de uno mismo el que funda su necesidad, gobierna su desarrollo y organiza su practica.". Foucault (3) citando a Sócrates manifiesta que "en la apología, es ciertamente en cuanto maestro de la inquietud de sí como Sócrates se presenta a sus jueces: el dios lo ha comisionado para recordar a los hombres que le es preciso preocuparse, no de sus riquezas, no de su honor, sino de sí mismos, y de sus almas."

En este cultivo de sí, de los griegos del siglo IV antes de Cristo, no es posible negar y según Foucault(3) "Que es un hecho por lo demás que, de esa moral, los autores cristianos tomaron, -explícitos o no-préstamos masivos, y la mayoría de los historiadores de hoy están de acuerdo en reconocer la existencia, el vigor y el reforzamiento de esos temas de austeridad sexual en una sociedad de la que los contemporáneos describían, casi siempre para reprochárselas, la inmoralidad y las costumbres disolutas. En cambio, lo que se señala en los textos de los primeros siglos-más que nuevas prohibiciones sobre los actos-es la insistencia en la atención que conviene conceder a uno mismo; es la modalidad, la amplitud, la permanencia, la exactitud de la vigilancia que se pide; es la inquietud a propósito de todas las perturbaciones del cuerpo y del alma que hay que evitar por medio de un régimen austero." Sin embargo, esa austeridad que se expresaron en la época imperial no apareció en la manifestación de un individualismo creciente, pero sí en un momento de apogeo de un cultivo de sí, en el que se valorizaron las relaciones de uno consigo mismo. Conviene destacar que si bien, a veces se habla de un individualismo creciente, una valorización de la vida privada o finalmente de la intensidad de las relaciones con uno mismo, estos lazos no son ni constantes ni necesarios; por ejemplo hay sociedades en las cuales la vida privada esta provista de gran valor, como él las clases burguesas en el siglo XIX, pero, por eso mismo, el individualismo en ellas es débil y las relaciones de uno consigo mismo apenas se desarrollan. Foucault (3) discutiendo lo anterior nos mencionara que "el movimiento cristiano de los primeros siglos se presentó como una acentuación extremadamente fuerte de las relaciones de uno consigo mismo, pero bajo la forma de una descalificación de la vida privada, y cuando tomó la forma del cenotibismo, manifestó un rechazo explícito de lo que pudiera de haber de individualismo en las prácticas de la anacoresis.".

En esta preocupación y ocupación de sí mismo (la epimeleia heautou) que es recomendada por los filósofos, no está reservada a aquellos que escogen una vida semejante a la de ellos" perfeccionar el alma con ayuda de la razón" es una regla"igualmente para todos los hombres"menciona apuleyo en Foucault (3). "No hay pues edad para ocuparse de sí mismo. Epicuro decía "Aquel que dice que el tiempo para filosofar no ha llegado todavía o que ha pasado ya es semejante a aquel que dice que el tiempo de la felicidad no ha llegado todavía o que ya no existe. De tal suerte que deben filosofar el joven y el viejo, éste para que al envejecer sea joven en bienes por la gratitud de las cosas que fueron, aquel para que, siendo joven, sea al mismo tiempo un anciano por su ausencia de temor al porvenir. Aprender a vivir toda la vida propia era un aforismo que cita Séneca y que invita a transformar la existencia en una especie de ejercicio permanente y aun cuando es bueno empezar pronto, es importante no relajarse nunca".

Pero siguiendo a Foucault (3) "El término epimeleia no designa simplemente una preocupación, sino todo un conjunto de ocupaciones; es de epimeleia de lo que se habla para designar las actividades del amo de casa, las tareas del príncipe que vela por sus súbditos, los cuidados que se deben dedicarse a un enfermo o a un herido, o también los deberes que se consagran a los dioses o a los muertos. Respecto a uno mismo, igualmente epimelia es un trabajo". Y por lo mismo se necesita tiempo, pero ese tiempo no es vacío; está poblado de ejercicios, actividades y prácticas diversas, tampoco es una practica en soledad sino que constituye una verdadera práctica social, y es que alrededor del cuidado de sí mismo, se ha generado toda una actividad de la palabra y de la escritura donde se vincula el trabajo de sí mismo y la comunicación con el prójimo. Que además está inquietud de sí, está en estrecha correlación, con el pensamiento y la practica de la medicina. En la idea de que esa práctica es personal y social, están los procedimientos de prueba cuya finalidad no es practicar la renunciación por sí misma, sino que buscan en hacerse capaz de prescindir de lo superfluo, al lado de estas practicas, se considerará importante asociarla al examen de conciencia, en la función de ser soberano o amo de sí mismo, sin embargo, estas practicas distaran de la pastoral cristiana. Según Foucault (3) "La prenda del examen no es pues describir la propia culpabilidad, hasta sus menores formas y sus más tenues raíces. Si "uno no se oculta nada a sí mismo" ni se "perdona nada", es para poder memorizar, para tenerla después presentes en el ánimo, los fines legítimos, pero también las reglas de conducta que permiten alcanzarlos gracias a la elección de medios adecuados. La falta no es reactivada por medio del examen para fijar una culpabilidad o estimular un sentimiento de remordimiento, sino para reforzar, a partir de la constatación recordada y meditada de un fracaso, los instrumentos racionales que aseguren una conducta sabia". Para lo anterior se necesitará un trabajo del pensamiento sobre sí mismo. Foucault (3), rescatara a epicteto para atestiguar de esta actitud " pide que adopte uno para consigo mismo el papel y la postura de un "vigilante nocturno" que verifica las entradas a las puertas de las ciudades o de las casas, o también sugiere que ejerza uno sobre sí mismo las funciones de un " verificador de monedas", de un "argironomo" de uno de esos cambistas de dinero que no aceptan ninguna moneda sin haberse asegurado cuanto vale, estas precauciones que estamos dispuesto a tomar cuando se trata de dinero, las descuidamos cuando se trata de nuestra alma. Ahora bien, la tarea de la filosofía- su ergon principal y primero- será ejercer ese control. El control es una prueba de poder y una garantía de libertad: Una manera de asegurar permanentemente que no nos ligaremos a lo que no cae bajo nuestro dominio. Velar permanentemente sobre nuestras representaciones, o verificar las señales como se autentifica una moneda, no es interrogarnos (como se hará más tarde en la espiritualidad cristiana) sobre el origen profundo de la idea que viene; no es tratar descifrar un sentido oculto bajo la representación aparente; es calibrar la relación entre uno mismo y lo que es representado, para no aceptar en relación con uno mismo sino lo que puede depender de la elección libre y razonable del sujeto". Todas estas practicas buscan un objetivo común, que puede caracterizarla con el principio general de la conversión a uno mismo- de la epistrophë eis   heauton. Pero Foucault (3) mencionara que " la conversio ad se es también una trayectoria gracias a la cual, escapando a todas las dependencias y a todas las servidumbres, acaba uno por alcanzarse a sí mismo, como un puerto al abrigo de las tempestades o como una ciudadela protege sus murallas: "una posición inexpugnable posee el alma que, desasida de las cosas del futuro, se defiende en la fortaleza que se ha construido; los dardos que apuntan a ella caen siempre por debajo de ella. La fortuna no tiene los brazos largos que le atribuyen la opinión; no tiene asidero sobre nadie, excepto sobre aquellos que se apegan a ella. Demos el alto que en la medida de lo posible nos lanzara lejos de ella". En la relación de uno consigo mismo, la conversión y todas las prácticas pertenecen a una ética del dominio. Pero cabe subrayar que aquel que ha llegado a tener acceso a sí mismo, es para sí mismo un objeto de placer. No sólo se contenta con lo que es y acepta limitarse a ello, sino que se complace en sí mismo. A través de los ejercicios de dominio y de abstinencia este cultivo de sí, se modificara tomando realce y haciéndose más importante el conocimiento de sí mismo. Foucault(3) "En la tarea de ponerse a prueba de controlarse en una serie de ejercicios bien definidos coloca la cuestión de la verdad- de la verdad de lo que uno es, de lo que uno hace, y de

lo que uno es capaz de hacer - en el centro de   la   constitución   del   sujeto   moral.
Finalmente, el punto en que desemboca esta elaboración sigue siendo ciertamente aún y
siempre, definido por la soberanía del individuo sobre sí mismo; pero esta soberanía se
amplia en una experiencia donde la relación con uno mismo toma la forma no sólo de un
dominio sino de un goce sin deseo y sin turbación.".

En este cultivo de sí, que cae bajo una ética del dominio de sí mismo, existirán dos
factores que cambiaran la forma de problematización de la relación con uno mismo; el
primero de estos factores será la nueva importancia del matrimonio y la redistribución de
las reglas y los papeles políticos, de forma que el principio de superioridad sobre sí
mismo como núcleo esencial ético, está por reestructurarse sin que por ello desaparezca,
pero que dará lugar a un cierto equilibrio entre desigualdad y reciprocidad en la vida
matrimonial y en la vida política. En la vida matrimonial aparecerá la figura de la "ama de
casa", dando cuenta que la superioridad ejercida en la casa se tiene que redistribuir con
ciertas formas de reciprocidad y de igualdad. En lo político, hay que integrarse a un
juego mucho más vasto y complejo, es preciso hacer jugar una disociación del poder
sobre sí y el poder sobre los demás en un juego político distinto que se ira dando a partir
del siglo III, con la decadencia de las ciudades --estados.

Ahora bien, en su conjunto el intento de Foucault ha sido problematizar, entendiendo que
para Foucault (4) "problematizar no quiere decir representación de un objeto preexistente,
ni tampoco creación por medio del discurso de un objeto que no existe. Es el conjunto de
las prácticas discursivas y no discursivas lo que hace entrar a algo en el juego de lo
verdadero y de lo falso y lo constituye como objeto de pensamiento (ya sea bajo la forma
de reflexión moral, del conocimiento científico, de análisis político, etc.)." Podría decirse
que la actividad sexual está representada, percibida, como violencia y, por tanto,
problematizada desde el punto de vista de la dificultad para controlarla a los ojos de otros
y de uno mismo. En esa ética que se instala de dominio de sí mismo, se puede percibir
en la interpretación que hace Foucault(4) el de la problematización entorno a tres
principios diferentes, según Foucault(4) "primero, la relación con el cuerpo y el problema
de la salud, segundo, la relación con las mujeres o, mejor, con la mujer y la esposa en
tanto que los cónyuges forman parte de la misma casa; tercero, la relación con esos
individuos tan particulares que son los adolescentes los cuales son susceptibles de
convertirse un día en ciudadanos libres.".Todas aquellas problematizaciones, intentan
hacer una genealogía de nuestra experiencia ética, en la cual partiendo del presente, en
nuestra experiencia, se puede decir que la sexualidad comienza con el cristianismo.

Intentando mostrar que no es una relación necesaria que una ética comience con el rigor de ciertas prohibiciones, en eso da cuenta todo el estudio referente a esa estética de la existencia, que se desarrolla en los griegos y los romanos. En donde se desarrolla ciertas prácticas del yo en las cuales Foucault (4) dirá que "las prácticas del yo adoptan así la forma de un arte del yo, relativamente independiente de una legislación moral. El cristianismo ha reforzado sin duda en el interior de la reflexión moral el principio de la ley y la estructura del código, pese a que las prácticas de ascetismo han conservado en el una gran importancia. El cristianismo antiguo ha aportado al ascetismo antiguo numerosas modificaciones importantes: ha intensificado la forma de la ley, pero al mismo tiempo ha orientado las prácticas del yo en dirección a la hermenéutica del yo y al desciframiento de uno mismo en tanto que sujeto de deseo. La articulación ley y deseo parece ciertamente característica del cristianismo."Volviendo en la reflexión que hace Foucault (5) en cuanto a la diferencia con esa otra ética (la de griegos y romanos), él nos dirá "lo que me sorprende es que en la ética griega la gente se preocupaba mucho más por la conducta moral, su ética, sus relaciones consigo mismo y con los demás que por los problemas religiosos. Por ejemplo, ¿qué nos sucede después de la muerte? ¿Que son los dioses? ¿Intervienen o no? Estos son problemas muy poco interesantes para ellos, y no están directamente relacionados con la ética o la conducta. Lo segundo es que la ética no está relacionada con ningún sistema institucional o al menos legal. Lo tercero que les preocupaba era constituir una especie de ética que era una estética de la existencia". Se puede apreciar como en los griegos la experiencia ética implicaba una conexión muy fuerte entre el placer y el deseo, se puede decir además que incluso más que el sexo, le interesaba más la salud. De la indiferencia que le producía el sexo, poco a poco la vinculación de lo sexual con lo patológico, a partir del siglo II de nuestra era ira configurando un campo distinto. El mismo Foucault (5) mencionara que "en el siglo IV antes de Cristo el acto sexual era considerado una actividad y, para los cristianos, en cambio, es una pasión." Hay un ejemplo que el mismo Foucault (5) menciona "La erección era para el griego del siglo IV signo de actividad, de la principal actividad; pero desde Agustín y el cristianismo la erección no es algo voluntario, es signo de pasividad y de castigo por el pecado original".

En lo que se puede tener una claridad, en cuanto a la diferencia entre una ética cristiana y lo ético en griegos y romanos, es que estos últimos no estaban tan preocupados del yo sino más bien de la vida, lo que constituía una problematización era cual techne se debe usar a fin de vivir también como se debe. Y por lo mismo en nombre de una vida hermosa los griegos eran austeros, mientras que nosotros en nombre de la ciencia psicológica buscamos nuestra realización personal. El mismo Foucault (5) mencionara que "no tenemos que elegir entre nuestro mundo y el griego. Por siglos hemos estado convencidos que entre nuestra ética personal, nuestra vida cotidiana, por una parte, y las grandes estructuras sociales, políticas y económicas había relaciones analíticas y que no podíamos cambiar nada, por ejemplo, en nuestra vida sexual o familiar sin arruinar nuestra economía, nuestra democracia, etc. Pienso que debemos desembarazarnos de esta idea de una relación analítica o necesaria entre la ética y las estructuras sociales, políticas o económicas.". Y si como consecuencia de lo anterior no existe una relación necesaria, entre la ética y otras estructuras. ¿Que tipo de ética podemos construir? El mismo Foucault (5) responderá comentando que "en nuestra sociedad el arte se ha convertido en algo que no concierne más que objetos y no a los individuos ni a la vida. Que el arte es solo una especialidad hecha sólo por expertos, que son los artistas. Pero ¿por qué no podría cada uno hacer de su vida una obra de arte? ¿Por qué está lámpara, esta casa debería ser un objeto de arte y no nuestra vida?." No es la actividad creativa la que tiene relación con uno mismo, sino que es la relación con uno mismo lo que tiene relación con a la actividad creativa.

Como ya se puede constatar, en la historia de la sexualidad existe, en el fondo una historia de lo moral. Donde existe una sustancia ética, un modo de sujeción, los medios por lo que nos convertimos en sujetos éticos y a qué clase de ser aspiramos cuando nos comportamos moralmente. A modo de ejemplo la sustancia ética, en los griegos está dada por el término de afrodisia, el modo de sujeción, que es la manera que se invita a la gente a reconocer sus obligaciones morales, en los griegos está dada por tener una existencia lo más bella posible; y en los medios por los cuales nos convertimos en sujetos éticos, se pude comentar como las acciones que se realizan, buscan una gloria que al individuo le sobreviva, esa gloria tiene una forma bella; y a qué clase de ser aspiramos cuando nos comportamos moralmente, en los griegos es ser soberanos de uno mismo.

Si lo que intenta Foucault (5) es hacer la historia del sujeto de deseo, entendiendo el deseo como problema ético, nos comentara que "Si por comportamiento sexual entendemos tres polos-actos, placer y deseo-, tenemos la "formula" griega que es la misma para la primera y segunda etapa. En esta formula lo que se subraya son los actos con el placer y deseo como subsidiarios: acte - plaisir(désir). Pongo el deseo entre paréntesis porque creo que en la ética estoica comienza una especie de elisión del deseo, comienza a ser condenado. La "formula" china sería: plaisir -désir-(acte). Dejo los actos a

24

un costado, ya que deben ser restringidos para tener la máxima duración e intensidad del placer.La "formula" cristiana pone el acento en el deseo y trata de erradicarlo. Los actos se han convertido en algo neutral; se debe actuar sólo para tener hijos o para cumplir con el deber conyugal; y el placer es excluido tanto teórica como prácticamente: (désir) –acte-(plaisir). Y podríamos decir que la "formula" moderna, es deseo, que es subrayado en la teoría y aceptado en la práctica, ya que debe liberarse el deseo propio; los actos no son muy importantes y el placer... ¡nadie sabe lo que es!".

Podría concluir, que la austeridad sobre lo sexual fue absorbida por la ética cristiana, pero ya tenía un desarrollo en los griegos, si para ellos, en el cuidado de sí mismo, en el trabajo sobre él yo, existía una elección hecha por el individuo mismo, el cristianismo lo va articular a una ley universal, a la cual le va a ir integrando significados asociados con los temas de la pureza y la virginidad, temas que eran escasos en el estoicismo, como también la sustitución de un yo que debía ser creado en la ética griega, por la idea de una renuncia al yo y su desciframiento. Puedo sugerir que de un cuidado de sí mismo, en el mundo griego se pasa a un cuidado de los otros.en el cristianismo. El cuidada clásico del yo, al ser absorbido por el cristianismo pierde autonomía. Cuando Foucault (5) afirma que el deseo se ha vuelto un tema práctico y teórico, me hace pensar en el psicoanálisis como un discurso que desde la razón intentó pensar lo sexual, y tuvo que recurrir a la noción del deseo, el cual articula esa construcción teórica que es el inconsciente, cuya naturaleza es lo sexual, es decir, el deseo inconsciente, coincido con Foucault(5) cuando este dice "que el placer... ¡ nadie sabe lo que es!", En la medida que puedo reconocer que en nuestra experiencia actual, en nuestra existencia como se desenvuelve, vivimos no en el placer, sino en un más allá del placer, que curiosamente a mi juicio se acerca al sufrimiento y al sacrificio.

DESDE FREUD A LACAN: EL PSICOANÁLISIS UN MODO DE PENSAR LO SEXUAL

El psicoanálisis fue y es un sistema de pensamiento que comienza a principio de siglo, generando interrogantes sobre el cuerpo, el placer y lo sexual. Es también el primer discurso que aparece desde la razón, intentando pensar lo sexual desde un procedimiento que en cuanto a lo formal, se acerca a las reglas del procedimiento científico. El mismo Freud buscó toda la vida hacerse reconocer como un científico más que como un pensador; inclusive hasta el final de su vida siguió usando la palabra de "ciencia psicoanalítica" en cuanto al hallazgo que encontraba en su práctica clínica. Fue sobre todo un desmistificador, entorno al importante papel que jugaba lo sexual en nuestra vida psíquica; de hecho los conceptos más importantes se encuentran relacionado a lo sexual y por tanto al cuerpo, a saber, el inconsciente.

Al final de su obra, en uno de sus últimos libros (1938), Freud (1) retomara conceptos que estaban contenidos en "tres ensayos para una teoría sexual" de 1905.En este uno de los últimos libros Freud (1) se pronunció diciendo:

"Es comprensible que el psicoanálisis despertara asombro y antagonismo cuando, fundándose contradijo todas las concepciones populares sobre la sexualidad y arribó a las siguientes comprobaciones fundamentales:

A) La vida sexual no comienza sólo en la pubertad, sino que se inicia con evidentes manifestaciones poco después del nacimiento.

B) Es necesario establecer una neta distinción entre los conceptos de lo "sexual" y lo "genital". El primero es un concepto más amplio y comprende muchas actividades que no guardan relación alguna con los órganos genitales.

C) La vida sexual abarca la función de obtener placer en zonas del cuerpo, una función que ulteriormente es puesta al servicio de la procreación, pero a menudo las dos funciones no llegan a coincidir íntegramente."

Puedo decir que en cuanto a la primera conclusión, en gran medida el reconocimiento de una sexualidad infantil implicó un cambio de mirada entorno a lo que denominamos la infancia, es decir el placer y su búsqueda estaba desde el nacimiento, alejando la imagen de la niñez beatificada en la pureza. Hasta en nuestra actualidad, todavía se sigue comentando en favor o en contra la famosa frase del niño como "perverso polimorfo" en el sentido que Freud, manifestaba que el placer es regulado por prohibiciones culturales encarnadas en las relaciones con los primeros otros que son sus padres, y que esta regulación era un proceso donde se iba dando forma a placeres permitidos y otros prohibidos. Que el niño desafiara y transgrediera esas prohibiciones de la ley entorno al placer en su proceso de aculturación cultural era idéntico a lo que en adultos aparecía como perversión. Pues el perverso y el niño reniegan de las prohibiciones, la desafían y la transgreden, pues el deseo aspira a la satisfacción, aspira al placer. Y en ese proceso de aculturación el deseo es mediado por la ley, la realidad y como consecuencia, en esa regulación no todo placer es permitido, ni todo deseo es posible llevarlo a una realización en la realidad, el fin de esa aceptación es la neurosis. En ese sentido el niño ofrecía una resistencia a la regulación, en el fondo a la cultura y por ende a la educación, en ese sentido habló de ese niño perverso polimorfo. Es en el fondo una resistencia frente a ese algo de verdad que tiene relación con el placer, el cuerpo, que por el solo hecho de estar prohibido genera una represión fundamental, hay algo del placer que se pierde, hay algo para lo cual no encontramos las palabras adecuadas, porque no existen. Ese algo que se escapa, y que es producto de la prohibición, tendrá que ver con lo sexual y será el soporte al concepto del inconsciente. El inconsciente es de origen y naturaleza sexual, eso que se escapa a la ley, eso que resiste ser regulado, mediado, es algo de nuestra sexualidad que retornará con el nombre de lo inconsciente. Por eso el saber de lo inconsciente es un saber reprimido, un saber no sabido, es una verdad a medias, que solo lo conocemos por sus efectos. Hay algo de ese saber que queda que nos deja una incógnita, frente al hecho de lo cultural, es como la frase que nunca me deja de asombrar, escrita en la pared de una casa abandonada en Playa Ancha que dice los niños y los locos dicen algo que no queremos escuchar, en el cual hay un cierto saber por eso: "a los niños los educan y a los locos los encierran.".

En cuanto a la distinción entre lo sexual y lo genital; Freud ligará lo sexual a algo más amplio que si bien tiene su origen en el cuerpo, no es condición necesaria ni suficiente la participación de los órganos genitales, vinculara lo sexual al placer y al deseo sin que por ello medie una actividad genital, lo vinculara también al concepto que en la traducción alemana, se denomina Trieb, y que en las traducciones al castellano se ha denominado pulsión, para diferenciarlo de instinto. Mientras el instinto es una respuesta que se produce en el organismo sobre la base de una necesidad, una vez saciada la necesidad la fuerza de lo instintivo se aplaca, la fuente es el cuerpo, el objeto de la necesidad es inmóvil, siempre referido a una necesidad básica. En tanto la pulsión, si bien es cierto también tiene un origen en el cuerpo, es el mismo Freud (1) que la definirá como "concepto limite entre lo anímico y lo somático" y que a diferencia del instinto es una fuerza constante que no se satisface nunca, cuyo objeto de satisfacción se hace móvil, y como consecuencia nunca es posible una satisfacción total de la pulsión, siempre cayendo en satisfacciones parciales. De aquí y afín a este trabajo es importante rescatar el concepto de la zona erógena, y el placer autoerótico definido por Freud (2) como:

"Toda otra parte de cuerpo (además de los genitales), puede adquirir igual excitabilidad que los genitales y ser elevada a la categoría de zona erógena, siendo las zonas erógenas, partes de la epidermis o de las mucosas en las cuales ciertos estímulos hacen surgir una sensación de placer de determinada cualidad." Y en cuanto al placer autoerótico Freud (2) nos dice "hagamos resaltar, como el carácter más notable de esa actividad sexual. El hecho que el instinto no se orienta hacía otras personas, encuentra su satisfacción en el propio cuerpo; esto es, es un instinto autoerótico. Se ve que el acto de succión es determinado en la niñez por la busca de un placer ya experimentado y recordado. La primera actividad del niño y la de más importancia vital para él, la succión del pecho de la madre (o sus subrogados), le ha hecho conocer, apenas nacido este placer. En un principio la satisfacción de la zona erógena aparece asociada con la del hambre. La actividad sexual se apoya primeramente en una de las funciones puestas al servicio de la conservación de la vida, pero luego se hace independiente de ella. Posteriormente la necesidad de volver a hallar la satisfacción sexual se separa de la necesidad de satisfacer el apetito. En el acto de la succión productora de placer hemos podido observar los tres caracteres esenciales de una manifestación sexual infantil. Esta se origina apoyada en algunas de las funciones fisiológicas de más importancia vital, no conoce ningún objeto sexual, es autoerótica, y su fin sexual se halla bajo el dominio de una zona erógena."

Como se puede apreciar, ya está en el pensamiento de Freud, la idea que el placer era consecuencia, en primera instancia de la satisfacción de una necesidad vital (el pecho materno y la succión de la leche materna), no obstante que lo autoerótico, tiene que ver con la posibilidad de obtención del placer sin que halla un objeto, y en el fondo el cuerpo en su conjunto, puede ser tomado como ese objeto, fuente de placer. Si lo erógeno es cualquier parte del cuerpo que al ser estimulado provoque placer, es el cuerpo en sí susceptible de ser erogeneizado. Aunque Freud subrayara que tres son las zonas que quizás por las constantes relaciones con el otro, serán depositarias de una mayor erogeneización, a saber la boca, los esfínteres y los genitales, las cuales más tardes se les conocerán como las zonas erógenas: oral, anal y fálica. Lo que quiero subrayar aquí es que en el pensamiento de Freud, existe un desplazamiento de lo biológico (terreno de las necesidades) a lo erógeno (terreno donde se integra lo cultural y por ende lo psíquico).

Si la vida sexual abarca la función de obtener placer en zonas del cuerpo, y que solo ulteriormente es puesto al servicio de la procreación, esto me lleva a comentar que si bien el placer tiene una raíz biológica en cuanto a la descarga de satisfacción, el placer es llevado a otros órganos que no participan directamente en tal proceso, a saber: el ver o lo escópico, él escuchar o lo auditivo, el tacto y el mismísimo olfato. En ese sentido se podría hablar de pulsiones escópicas, auditivas, táctiles o olfativas, es decir fuerzas constantes que no se satisfacen nunca, en las cuales no encontramos objetos únicos insustituibles, que sirven como vehículos del deseo, el deseo que siempre se encuentra más allá de la necesidad. Por qué el deseo aspira a encontrarse con el objeto que se encuentra irremediablemente perdido, en el andamiaje de las series de pérdidas producidas en el ensamblaje cultural entorno a la prohibición fundamental, que para Freud, se vinculará a la prohibición del incesto, rescatado en la conocida tragedia de Edipo, y por la cual Freud, asumirá que tanto individual como cultural, la historia del complejo de edipo es la novela familiar del neurótico. Es la novela que articula el mundo de la naturaleza al mundo de la cultura, paso en el cual estará la prohibición del incesto que servirá como puente de lo animal a lo cultural, de lo biológico a lo erógeno y la emergencia del deseo; pues el deseo se origina a partir de la prohibición.

Existe otro concepto en el cual Freud va a insistir y que a juicio mío, se hace indispensable para entender cómo el psicoanálisis se erigió como un sistema de pensamiento de fundamento racional, que pensó la sexualidad humana como un objeto de estudio. Este concepto es el de la libido, el cual Freud (2) dirá:

"Hemos fijado el concepto de la libido como una fuerza cuantitativamente variable, que nos permite medir los procesos y las transformaciones de la excitación sexual. Construimos, por tanto, la idea de un libidoquantum, cuya representación psíquica denominamos "libido del yo" (ichlíbido), y cuya producción, aumento, disminución, distribución y desplazamiento deben ofrecernos las posibilidades de explicación de los fenómenos psicosexuales observados.

Esta libido del yo no aparece cómodamente asequible al estudio analítico más que cuando ha encontrado su empleo psíquico en el revestimiento de objetos sexuales; Esto es, cuando se ha convertido en "libido de objeto". De los destinos de la libido de objeto podemos aún averiguar que es retirada de los objetos, quedando flotante en determinados grados de tensión, hasta recaer de nuevo en él yo, de manera de convertirse en libido del yo. Esta libido del yo, la denominamos, en oposición a la de objeto, libido narcisista."

El concepto de libido va ha ser fundamental en la edificación del edificio freudiano, pues en 1914 en un artículo titulado "introducción al narcisismo", Freud mencionara que el retiro del investimento líbidinal de los objetos y el desplazamiento hacia él yo, es lo que constituirá fundamentalmente el narcisismo. Además que usara la metáfora de la libido como una ameba y sus seudopodos, y mencionara la libido un carácter energético y sexual ("energía sexual", dirá más tarde). Este concepto de libido permitirá, en el pensamiento freudiano, articular que en él yo hay libido, y por tanto en él yo esta investido de energía sexual, y si antes había dicho que existían dos pulsiones básicas, la de autoconservación y las sexuales .En las de autoconservación estaban destinada a la conservación de la especie, entonces en esa autoconservación de sobrevivencia, al haber libido entonces lo sexual juega un importante papel en la vida. Lo que le permitirá más adelante hablar de dos pulsiones básicas eros y tánatos o pulsión de vida y pulsión de muerte. Donde en la pulsión de vida, se incluirán las pulsiones de autoconservación y las sexuales. El hambre (pulsión de autoconservación) y el amor (pulsión sexual), son ambas partes de la tendencia vital. Lo original será en Freud, la teorización sobre la pulsión de muerte o tánatos, más adelante retomare este punto pues se une al tema que intento desarrollar, que es él vinculo entre el cuerpo y su relación con la sexualidad.
Me parece que otro concepto que no se puede dejar de pasar, pues está vinculado a este pensar lo sexual, es él lo inconsciente. Freud (3) nos dirá:
"El nódulo del sistema inconsciente está constituido por representaciones de instintos que aspiran a derivar su carga a una descarga o sea está formado por impulsos de deseos. Estos impulsos instintivos se hallan coordinados entre sí y coexisten sin influir unos sobre otros ni tampoco contradecirse. Cuando dos impulsos de deseos cuyos fines nos parecen inconciliables son activados al mismo tiempo, no se anulan recíprocamente, sino que se unen para formar un fin intermedio, o sea una transacción. Los procesos del sistema inconsciente. Carecen también de toda relación con la realidad. Se hallan sometidos al principio del placer y su destino depende exclusivamente de su fuerza y de la medida en que satisfacen las aspiraciones comenzadas por el placer y el displacer. Resumiendo, diremos que los caracteres que esperamos encontrar en los procesos pertenecientes al sistema inconsciente. Es la falta de contradicción, el proceso primario (tendencia al

placer), la independencia del tiempo y la sustitución de la realidad exterior por la psíquica. El contenido del sistema inconsciente puede ser comparado a una población aborigen psíquica en el hombre, es decir existe un acervo de formaciones psíquicas heredadas, o sea algo análogo al instinto animal, ello será lo que constituya el nódulo del sistema inconsciente.".

Como se puede apreciar es en este conjunto de líneas que establece Freud sobre el inconsciente, donde le ira dando forma a su creación, pues perfectamente se puede decir, que lo inconsciente es una ficción en la medida en que lo que existe es sólo el órgano del cerebro; lo inconsciente será una creación de Freud para intentar explicar el psiquismo. Ahora bien, se puede apreciar que el placer juega un importante papel, en la formación de este sistema psíquico, y este placer será dado en base a la que otorga el cuerpo, y en especificidad al sexo.

Pero también se hace necesario rescatar en toda la elaboración de Freud (3) el papel que juega la razón y los afectos, Freud (3) dice:

"A mi juicio la antítesis de <consciente> e <inconsciente> carece de aplicación al instinto. Un instinto no puede devenir nunca objeto de la conciencia. Unicamente puede serlo la idea que lo representa. Pero tampoco en lo inconsciente puede hallarse representado más que por una idea. Si el instinto no se enlazara a una idea ni se manifestase como un estado afectivo, nada podríamos saber de él."

Desde ese aspecto aquí vemos como la elaboración teórica freudiana es básicamente racional, es una nueva manera como el pensamiento racional intenta pensar lo impensable del cuerpo y su sexo. Pero con más atención me percato que lo fundamental son las ideas o representaciones o el impulso que rodea estas representaciones, que aparecen como afectos, pues lo instintivo ha sido vencido por lo cultural que se expresa en las representaciones, como residuo de eso que fuimos antes de ser yo. Sin embargo, el papel que Freud (3) dará a los afectos, seguirá otro curso, Freud (3) sostiene:

"Así, pues, aunque nuestra forma de expresión sea irreprochable, no hay, estrictamente hablando, afectos inconscientes como hay ideas inconscientes. La diferencia procede en su totalidad de que las ideas son cargas psíquicas y en el fondo cargas de huellas mnemicas, mientras que los afectos y las emociones corresponden a procesos de descarga cuyas últimas manifestaciones son percibidas como sentimientos."

Es aquí donde se puede apreciar que el afecto se enlaza a una representación y lo que se reprime es la representación o idea y no el afecto, es posible que el afecto como proceso de descarga se vincule a una representación que ha sido reprimida, y que se encuentra en el sistema Inconciente. El afecto sé enlazara a otra representación y en última instancia buscara una salida a la conciencia el mismo Freud (3), con claridad dice:

"El desarrollo de afecto puede emanar directamente del sistema Inconciente, Y en este caso tendrá siempre el carácter de angustia."

Si el afecto, no es posible que sea reprimido, entonces el afecto fundamental es la angustia, y en ese sentido el propio Freud, reconoce que las tres grandes fuentes de angustia, tienen que ver con nuestra impotencia frente al mundo natural, al envejecimiento de nuestro cuerpo, que lleva hacían la muerte y las relaciones sociales que son productos de las prohibiciones entorno a lo sexual.

Freud (4) reconocerá que si bien en el aparato psíquico tiende a la búsqueda del placer, hay algo que va más allá del principio del placer, y que podríamos mentarlo como una obsesión de repetición que acerca más al dolor que al placer. En la experiencia clínica, Freud(4) observará que si el sueño constituye una realización de deseos inconsciente reprimidos, por qué(si el sueño es una realización de deseos inconsciente), no obstante, se repiten las escenas traumáticas(neurosis de guerra), por qué los niños repiten juegos que reviven experiencias de abandono, porque en la experiencia cotidiana se conocen a individuos en que toda relación humana llega a igual desenlace: filántropos a los que todos sus protegidos por diferentes razones, terminan abandonándolo dejándole la ingratitud, amistades que se terminan por la traición de un amigo, amantes cuyas relaciones pasa siempre por las mismas fases y termina en el mismo desenlace. El mismo Freud (4) comentará:

"No nos maravilla en exceso este <perpetuo retorno de lo mismo> cuando se trata de una conducta activa del sujeto y cuando hallamos el rasgo característico permanente de su ser, que tiene que manifestarse en la repetición de los mismos actos. Más, en cambio, sí nos extrañamos en aquellos casos en que los sucesos parecen hallarse fuera de toda posible influencia del sujeto y éste pasa una y otra vez por la repetición del mismo destino. Estos datos, que en la observación del destino de los hombres y su conducta, nos hacen suponer que en la vida anímica existe realmente una obsesión de repetición que va más allá del principio del placer".

Freud (4), a partir, de esa experiencia comenzará a elaborar la hipótesis de una pulsión de muerte, que curiosamente tendrá que ver con aquello que no es posible integrar en lo cultural, aquello que de la sexualidad se resiste a la educación, y por tanto tiende a retornar en esa obsesión de repetición; Freud (4) dirá:

"El principio del placer continua aun, por largo tiempo rigiendo el funcionamiento del instinto sexual, más difícilmente "educable", y partiendo de este último o en el mismo yo, llega a dominar al principio de la realidad, para daño del organismo entero. Algunos instintos o partes demuestran ser incompatibles, por sus fines o aspiraciones con los demás, los cuales pueden reunirse formando la unidad del yo. Dichos instintos incompatibles son separados de esta unidad por el proceso de represión, retenidos en grados más bajos del desarrollo psíquico y privados al principio, de la posibilidad de satisfacción. Si entonces consiguen --cosa fácil para los instintos sexuales reprimidos-- llegar por caminos indirectos a una satisfacción directa o sustitutiva, este éxito que en otras condiciones hubiese constituido una posibilidad de placer, es sentido por él yo como displacer".

El mismo Freud (5) se apoya en un aforismo Schiller, según el cual "hasta que la filosofía no consolide/el edificio de este mundo/natura regulara sus engranajes/ con el hambre y el amor."En la interpretación de Freud (5) el hambre y el amor hacen girar coherentemente al mundo, donde el hambre actúa como instinto que conserva al individuo y el amor tiende hacía los objetos; en cuanto este último Freud (5) creará el concepto de libido, sin embargo el mismo Freud (5) se interrogará de un tipo de pulsión, que se encuentra ligado a los objetos pero que persigue otros fines, Freud (5) dirá:

"Sin embargo, uno de estos instintos objétales, los sádicos distinguía de los demás porque su fin no era en modo alguno amoroso, y además establecía múltiples y evidentes coaliciones con los instintos del yo. El sadismo forma parte de la vida sexual, y bien puede suceder que el juego de la crueldad sustituya al del amor. La neurosis venía a ser la solución de una lucha entre los intereses de la autoconservación y las exigencias de la libido, una lucha en la que él yo, si bien triunfante, había pagado el precio de graves sufrimientos y renuncias".

En esa posición Freud(5) empieza a sugerir, si bien con gran resistencia en un principio que debía existir, además de una pulsión que tiende a conservar la sustancia viva y a condensarla en unidades cada vez mayores, debía existir otra pulsión que tendiese a disolver estas unidades y a retornarlas al estado más primitivo, inorgánico. Es decir si existía eros, también existía una tendencia o fuerza constante hacía la muerte, que coexistía con el de vida y que actuaba silenciosamente, y que en ciertos casos se manifestaba como agresión frente a un evento exterior, al servicio de eros. Freud (5) manifestaba:

"Progresé algo más, aceptando que una parte de este instinto (muerte) se orienta contra el mundo exterior, manifestándose entonces como impulso de agresión y destrucción. De tal manera, el propio instinto de muerte sería puesto al servicio del eros. Al mismo tiempo, podíase deducir de este ejemplo que ambas clases de instintos raramente—o quizás

nunca—aparecen en mutuo aislamiento, sino que se amalgaman entre sí. En el sadismo admitido como instinto parcial de la sexualidad, nos encontraríamos con semejante amalgama particularmente sólida entre el impulso amoroso y el instinto de destrucción; lo mismo sucede con su símil antagónico, el masoquismo, que representa una amalgama entre la destrucción dirigida hacía dentro y la sexualidad.".

Si bien se puede apreciar, como se establecen entre el sufrimiento y la sexualidad, correlaciones. Freud (5) admite que así la sexualidad no se deja toda "educar", curiosamente tiene la misma característica de lo inconsciente, pues tampoco se deja dominar o "educar". La cultura favorece las pulsiones de vida e intenta mitigar o atenuar lo mortífero en nosotros, de ahí el nacimiento de lo moral. Es posible pensar que si bien, la adquisición de las prohibiciones, obedezca a una protección contra lo exterior, ella se halla según Freud (5) en el miedo a la perdida de amor. Cuando el hombre pierde el amor al prójimo, de quién depende, pierde con ello la protección a muchos peligros, y ante todo se expone al riesgo que este prójimo, más poderoso que él, le demuestre su superioridad en forma de castigo. El mismo Freud (5) dirá:

"La consecuencia cronológica sería, pues, la siguiente: Ante todo se produce una renuncia instintual por temor a la agresión exterior de la autoridad exterior-pues a esto se deduce el miedo a perder el amor, ya que el amor protege contra la agresión punitiva-; luego se instaura la autoridad interior, con la consiguiente renuncia instintual por miedo a esta, es decir, por miedo a la conciencia moral. En el segundo caso se equipara la mala acción con la intención malévola, de modo que aparece el sentimiento de culpabilidad y la necesidad de castigo. La agresión por la conciencia moral perpetúa así la agresión por la autoridad, ¿cómo explicar la extraordinaria intensidad de la conciencia en los seres mejores y más dóciles? . He aquí llegado el momento de introducir una idea enteramente propia al psicoanálisis y extraña al pensar común; en efecto, nos dice que si bien al principio la conciencia moral(más exactamente: la angustia, convertida después en conciencia)es la causa de la renuncia a los instintos, posteriormente, en cambio, esta situación se invierte: toda renuncia instintual se convierte entonces en una fuente dinámica de la conciencia moral; toda nueva renuncia a la satisfacción aumenta su severidad y intolerancia, estaríamos tentados a sustentar la siguiente tesis paradójica: ¿la conciencia moral es la consecuencia de la renuncia instintual? O bien: la renuncia instintual(que ha sido impuesta desde afuera)crea la conciencia moral,que a su vez exige nuevas renuncias instintuales?."

Hasta aquí, cabe destacar que se puede apreciar que antes que conciencia lo que existió fue angustia, lo que me hace pensar en un afecto relacionado con la pérdida, más específicamente una pérdida a una falta de amor ¿cual debió haber sido? Pareciera que en el mito freudiano se lo vincula a un acto de asesinato primordial, en el cual la horda primitiva se levanto hacía el caudillo más fuerte que gozaba de todos los privilegios, y que podía suponérsele que representaba el padre primordial-protopadre-para asesinarlo, pero en ese acto, como era amado también, surgió la culpa, fue necesario la instauración de la ley-el toten- y las probiciones-tabú-. En definitivas cuentas el pensamiento freudiano nos hace ver la cultura como consecuencia de un acto violento, lo cultural trata de preservar el amor, recreándolo continuamente, a partir de las prohibiciones, pero lo sexual no se deja atrapar, se escabulle de la prohibición. Lo intenta capturar como deseo, es decir, la prohibición genera el deseo, pero queda un resto, que se lo puede asociar a la perdida, es decir a lo inombrable, al goce.

Quizás en esa discusión, se puede poner la dificultad que tuvo el pensamiento racional para pensar lo sexual, que no es atrapado por la cultura y que reaparece como ese sufrimiento que se esconde tras un vacío, sufrimiento que también se vive cotidianamente en relación a la diferencia sexual (él Genero) ser hombre o mujer, el mismo Freud(2) ya lo intentaba nombrar desde el comienzo diciendo que el hombre presenta una vida erótica accesible a la investigación, mientras que la mujer:

"Se halla rodeada de un tupido velo"

Lo femenino, se equipara a aquello que escapa, como lo otro, lo distinto, símil al sexo como lo real y no como un discurso sobre la sexualidad, intentado de producir desde lo racional. Aquí se me impone recurrir a Bataille (6) que trabajo lo erótico y su relación con la perdida Bataille (6) nos mencionara que si bien es cierto que el erotismo se define por la independencia del goce erótico respecto de la reproducción considerada como fin, no por ello es menos cierto que el sentido fundamental de la reproducción es la clave del erotismo Bataille (6) dirá:

"Sólo el nace.solo él muere. Entre un ser y otro ser hay un abismo, hay una discontinuidad, ese abismo es profundo, ese abismo es en cierto sentido, la muerte.

Intentare mostrar que para nosotros ahora, que somos seres discontinuos, la muerte tiene el sentido de la continuidad del ser. La reproducción encamina hacía discontinuidad de los seres, pero pone en juego su continuidad. Existe un punto en el cual el uno primitivo se convierte en dos. A partir del momento en que hay dos, hay de nuevo discontinuidad de cada uno de los seres. Pero el paso implica entre ambos una consciencia de continuidad. El primero muere, pero en su muerte aparece un instante fundamental de continuidad de dos seres."

En la reproducción asexuada el ser simple se convierte en dos exactamente igual al originario, sin embargo el ser originario muere, en cambio en la reproducción sexuada, en el acto de la reproducción, que da vida a otro ser, este nuevo ser ya es discontinuo, pero en la unión del espermatozoide y el ovulo,se establece entre ellos una continuidad. Me imagino al pensar que cuando un padre ve a su hijo, por un lado se observa el mismo, pero al mismo tiempo esta viendo a un otro distinto a él. El mismo Bataille (6) dirá:

"El terreno del erotismo es esencialmente el terreno de la violación, de la violencia. Pero reflexionemos sobre los pasos que hay entre la discontinuidad y la continuidad de los seres ínfimos, comprenderemos que el arrancamiento del ser respecto de la discontinuidad es siempre de lo más violento. Lo más violento para nosotros es la muerte; la cual precisamente nos arranca de la obstinación que tenemos por ver durar el ser discontinuo que somos. Toda la operación del erotismo tiene como fin alcanzar al ser en lo más intimo, hasta el punto del desfallecimiento, *"El paso del estado normal al estado erótico supone en nosotros una disolución relativa del ser."*

Toda la preparación erótica tiene como principio una destrucción del ser cerrado que es, en su estado normal, cada uno de los participantes del juego, por eso en el paso de la actitud normal al deseo, hay una fascinación fundamental de la muerte. Hasta la pasión feliz lleva consigo ese desorden violento, que la felicidad de la que aquí se trata, es tan grande que es comparable al sufrimiento, cuando se ama; el amante al no poseer al ser amado es capaz de matarlo o en su consecuencia desear su propia muerte, lo anterior me recuerda a Eduardo Galeano que nos dice "No nos da risa el amor cuando llega a lo más hondo de su viaje, en lo más alto de su vuelo. Pequeña muerte, llaman en Francia a la culminación del abrazo, que rompiéndonos nos junta y perdiéndonos nos encuentra y acabándonos nos empieza".

Podríamos coincidir que en el encuentro entre dos seres, el terreno de lo erótico, y el deseo es el terreno del desfallecimiento, el erotismo se encuentra con la trasgresión de las prohibiciones como dice Bataille (6):

"El deseo del erotismo es el deseo que triunfa sobre la prohibición. Supone la oposición del hombre a sí mismo. En efecto, la prohibición de la desnudez es hoy al mismo tiempo fuerte y cuestionado, y por otra parte que la prohibición de la desnudez y la transgresión de esa prohibición de la desnudez constituye el tema general del erotismo. Quiere decir que la sexualidad transformada en erotismo (la sexualidad del hombre), la sexualidad de ser un ser dotado de lenguaje"

Como podemos apreciar, lo erótico y su deseo se mueve en la transgresión, hasta podríamos decir adquieren en cierto sentido la forma del vicio, que no es otra cosa que el arte de darse a uno mismo, la sensación de transgredir. Georges Bataille establece una diferenciación entre lo que él llamara el tiempo profano que es el tiempo rutinario, el del trabajo y las prohibiciones y el tiempo sagrado que es el de las fiestas, y esencialmente el tiempo de las transgresiones a las prohibiciones, en el plano del erotismo, la fiesta es a menudo el tiempo de la licencia sexual, y en el plano religioso es en particular el tiempo del sacrificio, que es la transgresión de matar. Quiero remarcar que Bataille intentara establecer un vínculo entre el erotismo y la santidad, que a continuación desarrollare, Bataille (6) nos dirá:

"Parto esencialmente del principio según el cual el erotismo nos deja en soledad. El erotismo es aquello de lo que es difícil hablar, el erotismo se define por el secreto. No puede ser publico""

Con lo anterior lo que se plantea Bataille es decirnos, que nuestra existencia esta definida por las coordenadas del lenguaje, si reflexionamos sobre lo erótico es a condición de que salgamos fuera de la experiencia, pues nuestra existencia se nos hace presente bajo la forma de lenguaje o discurso, la experiencia intensa de lo erótico se nos queda fuera.En principio la experiencia erótica nos obliga al silencio. No obstante, George Bataille (6) nos dirá:

"No ocurre así con una experiencia que es tal vez cercana, la de la santidad. La emoción sentida en la experiencia de la santidad puede expresarse en un discurso, puede ser objeto de un sermón. Sin embargo, es posible que la experiencia erótica este cercana a la de la santidad. No quiero decir que la experiencia de la santidad y la del erotismo tengan la misma naturaleza. Solo quiero decir que ambas experiencias tienen, tanto la una como la otra, una intensidad extrema."

Como se puede apreciar el punto subrayado es que ambas tienen una intensidad extrema, no obstante que el erotismo nos deja en la soledad y la santidad nos acerca a los demás hombres, no obstante Georges Bataille (6) nos comentará:

"Es cierto que hay una lamentable debilidad en el hecho de querer tal o cual resultado y no hacer lo necesario para conseguirlo. En cambio hay una fuerza en el hecho de no querer ese resultado y de negarnos a emprender el camino que puede llevar a él. En esta encrucijada, se propone tanto la santidad como el erotismo. La santidad, con relación al esfuerzo especializado, se sitúa de entrada del lado del capricho. El santo no busca la eficacia. Lo que le anima es el deseo, y solo el deseo, en eso se parece al erotismo"

Con lo anterior, lo que trato de decir, tanto en el erotismo encontramos la coincidencia, como ser animadas por un desposeer ambas experiencias extremas, ambas estar en un tiempo sagrado de trasgresión de la prohibición, en el caso del cristianismo el sacrificio de Cristo, la muerte del mismo dios que inaugura curiosamente la religión, la Felix culpa que nos redime, esta paradoja en donde la santidad se asemeja al heroísmo guerrero que el santo vive como si muriera, el sacrificio. Así, el deseado desfallecimiento no es solo un aspecto sobresaliente de la sensualidad del hombre, sino también de la experiencia de los místicos. La violencia del amor lleva a la ternura, que es la forma duradera del amor, pero introduce en el ansia de los corazones el mismo elemento de desorden, la misma sed de desfallecer y el mismo regusto por la muerte que hallamos en el ansia de los cuerpos. No Obstante, se nos aparece una diferencia que en palabras del mismo Georges Bataille (6) nos dirá:

"El paso del erotismo a la santidad tiene un sentido profundo. Es el paso maldito y rechazado a lo fausto y bendito. Por un lado, el erotismo es la culpa solitaria, lo que sólo nos salva oponiéndonos a todos los demás, lo que sólo nos salva en la euforia de una ilusión, lo que en el erotismo nos ha llevado al grado extremo de la intensidad, nos condena a la maldición de la soledad. Por otra parte, la santidad nos aleja de la soledad, pero con la condición de aceptar esta paradoja -Felix culpa!- cuyo exceso nos redime. Solo la huida nos permite ver a nuestros semejantes, esta huida merece el nombre de renuncia."

Para seguir en la tónica de Bataille (6) el mismo dirá:

"Si el hombre necesita la mentira, después de todo, ¡allá él! . El hombre, que quizás tiene orgullo, está perdido en la masa humana: Pero en fin... nunca olvidare lo que de violento y maravilloso entraña la voluntad de abrir los ojos, de ver de frente lo que ocurre, lo que es. Y no sabría lo que ocurre si no supiera nada del placer extremo, sino supiera nada del dolor extremo, es la identidad del placer extremo y del dolor extremo: La identidad de entre el ser y la muerte, entre el saber que concluye en esta perspectiva deslumbrante y la oscuridad definitiva. Para llegar al final del éxtasis donde nos perdemos en el goce: el horror, el horror refuerza la atracción, solo alcanzamos el éxtasis en la perspectiva, aun lejana de la muerte, de lo que nos destruye."

Si el hombre es un animal erótico, en donde lo erótico aparece como lo secreto e incomunicable, lo que no es susceptible de ser atrapado por el lenguaje, ¿cómo puede la filosofía abordarlo?. Según Bataille la filosofía se encuentra del lado del trabajo especializado tiempo profano, de la disciplina y por tanto del discurso, para Bataille la suprema interrogación filosófica coincide con la cima de lo erótico, sin embargo esta cima es distinta a la que persigue la filosofía, pues la filosofía no sale de sí misma.Pues no puede salir del lenguaje, no puede remitirse al silencio. La filosofía se mueve en el terreno del trabajo, de la prohibición, sin embargo el mismo Georges Bataille (6) nos dirá:

"Dar la transgresión como fundamento de la filosofía (tal es el rumbo de mi pensamiento) es sustituir al lenguaje por una contemplación silenciosa. Es la contemplación del ser en la cima del ser. El lenguaje no ha desaparecido de ningún modo. ¿Sería accesible la cima si el discurso no hubiera revelado sus accesos?. Pero el lenguaje que los describió ya no tiene sentido en el instante decisivo. Entonces un momento supremo se añade a estas apariciones sucesivas: en ese momento de profundo silencio –en ese momento de muerte- se revela la unidad del ser, en la intensidad de las experiencias donde su verdad se despega de la vida y de sus objetos"

En el pensamiento de Bataille se revela que el hombre no sería nada sin el lenguaje, pues, nos hizo ser lo que somos, pero el lenguaje, revela limites, revela el momento soberano en que ya no rige (el lenguaje), el lenguaje no se da independiente del juego de la prohibición y transgresión, Pero al final el que habla revela su impotencia. La cima del ser sólo se revela por entero en el movimiento de la transgresión, en el que el pensamiento fundado en el desarrollo del trabajo de la conciencia, supera al trabajo, sabiendo que no puede estarle subordinado. Si bien Bataille apunta claramente a decir que en el momento por fuera del habla la conciencia se oculta, en ese tiempo de muerte, en el sentido que la conciencia de continuidad ya no es continuidad, y por ende ya no se puede hablar, la apuesta de Bataille(6) será la siguiente:

"Pero en el límite, a veces, la continuidad y la conciencia se aproximan, en consecuencia el momento se da en el silencio, y en el silencio la conciencia se oculta, en ese momento de muerte."

Como se puede apreciar la apuesta de Bataille es a esa posibilidad en que la continuidad y la conciencia se aproximen, momento que seguramente será rápidamente atrapado por el silencio de lo incomunicable, por el momento del secreto, por el momento del silencio.

Quisiera antes de terminar con Bataille, dar la definición que este autor da de la existencia humana, de lo que el hombre es, por como será absorbida, en su relación a la carencia y la perdida por el pensamiento de Jacques Lacan, que me propongo a continuación desarrollar. Geoges Bataille (6) nos dirá:

"Si alguien me preguntara lo que somos, le contestaría de todas formas: ¡Esta apertura a todo lo posible, este anhelo que ninguna satisfacción material jamás podrá colmar y que el juego del lenguaje no es capaz de engañar!. Buscamos una cima.".

Antes que nada, se me hace necesario desarrollar algunas de las ideas fundamentales de Jacques Lacan, el cual utiliza un lenguaje innecesariamente complejo por lo cual pido disculpas al lector(él cual sí lo desea puede obviar todo este apartado, pues en la discusión lo volveré a retomar, y lo trabajaré en consonancia a los objetivos de esta tesis, por lo cual la discusión puede ser más productiva para el lector).

Para Jacques Lacan(7) el inconsciente puede ser abordado desde un punto de vista fenomenológico, ontológico y estructural, sin embargo será este último con el cual este autor desarrollara sus nociones más fuertes, Jacques Lacan (7) nos dirá, en cuanto a lo fenoménico, es decir, como aparece ante la consciencia como sujetos cognoscentes, lo siguiente:

"¿Qué es lo que impresiona, de entrada, en el sueño, en el acto fallido, en la agudeza? El aspecto de tropiezo bajo el cual se presentan. Tropiezo, falla, fisura, En una frase pronunciada algo viene a tropezar. La discontinuidad es, pues, la forma esencial en que se nos aparece en primer lugar el inconsciente como fenómeno-la discontinuidad- en la que algo se manifiesta como vacilación"

Pareciera ser desde este punto de vista, que lo inconsciente es aquella parte del discurso concreto en cuanto transindividual que falta a la disposición del sujeto consciente para restablecer la continuidad del discurso consciente, es lo insignificable, aquello que en palabras de Bataille sería el momento del silencio de lo incomunicable, del misterio.

En cuanto al punto de vista ontológico el mismo Jacques Lacan (7) nos mencionará:

"Podríamos decir que la hiancia del inconsciente que es pre-ontológica. Insistí sobre el carácter demasiado olvidado- de una manera que no deja ser significativa- de la primera emergencia del inconsciente, carácter que consiste en no prestarse a la ontología. En efecto, lo primero que se le hizo patente a Freud, a los descubridores, a los que dieron los primeros pasos, lo que se hace patente aún a cualquiera que en el análisis acomode su mirada un rato a lo que pertenece propiamente al orden del inconsciente que no es ni ser ni no-ser, es no realizado".

Pero a pesar, que si el inconsciente no se presta a una ontología, sí lo hace el deseo, aunque también corresponda al orden de lo no realizado, puedo suponer que si tiene una existencia ontica. En la medida que hay deseo, en cuanto hay carencia, hay falta. Y el orden de lo que carece el ser humano o lo que le falta lo veremos siempre sometido a la reproducción sexual y por consecuencia a su propia muerte individual. El deseo es el resto que falta, no articulable a la demanda ni a la necesidad. Si no hay carencia no hay deseo, si no hay deseo estamos en el terreno del no-ser ahí en palabras de Heidegger.No obstante el deseo comparte de lo que no se puede realizar por no ser ni más ni menos deseo de un deseo, en palabras de Jacques Lacan (7):

"El deseo del hombre es el deseo del Otro" o como dirá en otro lugar, Lacan (8) "Para decirlo todo, en ninguna parte aparece más claramente que el deseo del hombre encuentra su sentido en el deseo del otro, no tanto porque el otro detenta las llaves del objeto deseado, sino porque su primer objeto es ser reconocido por el otro"

Pero no podemos olvidar que el otro, al que se refiere Lacan, es el lugar de la intersubjetividad como contrato social, es lo social que participa como mediadora de una relación dual, es también donde se sostiene la prohibición del incesto como condición de lo social, es el lugar desde donde el sujeto se le plantea la cuestión de su propia existencia, que son su sexo y su contingencia en el ser(¿ser hombre o mujer?) Y que se vincula a la procreación y la muerte. Y rescatando la posición estructural que será el soporte fundamental de su desarrollo teórico. El otro es el tesoro del significante, es el lugar del código, donde se encuentra el conjunto de los significantes, es en donde el sujeto puede hablar y habitar, siempre se le habla a otro, el inconsciente desde esta perspectiva será el discurso del otro, donde el sujeto adquirió su significación, es el lugar donde el deseo se anudo al significante y como consecuencia la carencia y la falta en ser, se encontró anudada al sujeto y al Otro.

Si rescato lo anterior es porque Lacan (7) dará al inconsciente, el aspecto que marcara su obra, a saber, el estructural, él dirá:

"La mayoría de los presentes tiene alguna noción de que he afirmado lo siguiente: El inconsciente está estructurado como un lenguaje, lo cual se refiere a un campo que hoy día nos es mucho más accesible que en la época de Freud".

Como se puede apreciar, es el lenguaje la condición de posibilidad del inconsciente, por lo mismo Lacan se remitirá a Saussure, en tanto que subvertirá la ordenación que este le dará al signo lingüístico, para Saussure existe una estrecha relación entre el significante y el significado, de tal modo que si se rasgara uno rasgaría al otro, el significante es la imagen acústica, es decir una representación que no es el sonido material(lo físico)sino la huella psíquica, que puede generarse por cualquier estimulo susceptible de generar tal representación, mientras el significado es la significación o concepto socialmente construida, vías un consenso lingüístico, y por ende social.

Lacan, subvertirá este orden afirmado que el significante no tiene una relación estrecha con el significado, y que inclusive el significante es autónomo al significado, y posee una supremacía al significado, y que serán las permutaciones de los significantes los que van dando los efectos de significado, es decir, las permutaciones que son posible gracias a que la lengua es un conjunto solidario darán el valor de significación, que reside en el lugar en relación al resto, será este cambio o permutación lo que dará la creación de sentido o significado, como en el ajedrez en que el valor de las piezas depende de en que lugar este en el tablero, pues como afirma Lacan (7):

"Lo propio del significante es no poder significarse a sí mismo sin engendrar un error lógico".

El proceso de significación o sentido se da en la combinación de una representación por contigüidad que es el de combinación o por sustitución (metonimia y metáfora). Ya sea en el plano de la lengua, por sustitución, ya sea en el plano del habla, que es el acto individual, donde se da la combinación o contigüidad. Lacan reconocerá que existirá un sujeto de la enunciación que es el momento donde se dan los procesos anteriormente descritos, en el acto de hablar, en el decir, sin que intervenga los procesos secundarios como la racionalización que da coherencia al discurso es el momento del presente, donde el ser se anuda al lenguaje, donde Lacan llamara el hablante-ser. El sujeto del enunciado, es lo dicho, es el momento donde el discurso ya se ha construido, es el momento del pasado. Es en el momento de la enunciación y al sujeto que le corresponde donde emergerá el sujeto de lo inconsciente o lo inconsciente.

Sin detenerme más en esto, vamos viendo que el inconsciente está estructurado como un lenguaje, que no se deja asimilar por la consciencia, que aparece en el decir, como lo extraño, como un tropiezo, agreguemos a esto el hecho que el inconsciente tiene una realidad sexual, en palabras de Lacan (7):

"Yo sostengo que con el análisis-si es que puede darse un paso más- debe revelarse lo tocante a ese punto nodal por el cual la pulsación del inconsciente está vinculada con la realidad sexual. Este punto nodal se llama deseo, y toda la elaboración teórica que he llevado a cabo en estos últimos años busca mostrarles, siguiendo paso a paso la clínica, cómo el deseo se sitúa en la dependencia de la demanda-demanda que, por articularse con significantes, deja un resto metonímico que se desliza bajo ella, un elemento que no es indeterminado, que es una condición, a un tiempo absoluta e inasible, un elemento que está en impasse, un elemento insatisfecho, imposible, no reconocido, que se llama deseo. Esto constituye el punto de empalme con el campo definido por Freud como el de la instancia sexual en el plano del proceso primario. La función del deseo es el residuo último del efecto del significante en el sujeto.".

Si la realidad del inconsciente es sexual, o encuentra el punto de anclaje en la sexualidad esto tiene que ver, que en lo humano para reproducirse se necesitan dos, un macho y una hembra, en eso reside la copula sexual. Si el inconsciente, aparece en el deseo, pues el deseo, puede ejercer el mismo cargo que el inconsciente, como lugarteniente, y como sabemos la existencia del deseo, implica una carencia, carencia que se desplaza al desfiladero de los significantes, esta carencia, o falta o castración en un lenguaje más preciso, es la experiencia de la muerte. La experiencia de la muerte aparece unida en la reproducción sexual, en este aspecto ya podemos observar como Lacan, estaba tomando las ideas de Bataille, pero aun hay más, los avances de la genética vendrían a testimoniar la idea de que en la copula sexual aparece la experiencia de perdida. En el sentido que al producirse la combinatoria cromosomica, hay un proceso de resta cromosomica en el nivel del paso de mitosis a meiosis, hay una resta cromosomica, algo se pierde del material genético aportado por el macho y la hembra. Pero también existe un proceso de perdida al nacimiento, en cuanto a una parte del organismo que se sustrae, a saber. La placenta. Son en esas experiencias humanas perceptibles, en donde podríamos suponer que aparece el significante venir de alguna manera a simbolizar esa carencia, o falta. Pues lo que nos dice la genética es que hay un resto que se pierde.

Lo que me propongo desarrollar ahora es como Lacan, intento llevar esa perdida en lo real a la articulación significante. Si aceptamos la existencia del deseo, este deseo es de algún objeto, pero cual puede ser este objeto que de alguna manera podría intentar simbolizar la falta, pues como sabemos el objeto es inabordable por que no existe ni está, es decir falta. La respuesta la tendremos de dos posibilidades: a) el objeto fálico y b) el objeto a.

En primer lugar cuando hablamos del objeto fálico, lo que estamos tratando decir es que en la existencia humana, deviene entre ser o tener el falo. Pero hay que comprender de entrada que el falo no es el pene, es decir el órgano. ¿Por tanto entonces nos podríamos preguntar, que es el falo?.Y de hecho Lacan(8) nos dirá:

"El falo es un significante, un significante cuya función, en la economía intersubjetiva del análisis, levanta tal vez el velo de la que tenía en los misterios. Pues es el significante destinado a designar en su conjunto los efectos de significado, en cuanto el significante los condiciona por su presencia de significante.".

Como ya empezamos apreciar, el falo es un significante irremediablemente reprimido, y es lo que constituye el núcleo de lo inconsciente, causando la división del sujeto. Podría decir que es el significante primario, cuya importancia no está en que tenga alguna significación, pues no significa nada, sino que más bien permite, o es el andamiaje fundamenta por el cual permite el ingreso a la maquina significante, sin ese S1, no podría darse el S2, ni S 3 etc.Y por consecuencia sin ese significante primordial no se podría el anudamiento de lo sexual al lenguaje.

En cuanto al objeto a, es un objeto que viene a representar o simbolizar la perdida, fundamentalmente, las primeras perdidas (la placenta, el pecho, las heces etc.), sin embargo, es la representación de lo perdido lo que permite la emergencia del deseo, es decir, permite operar como objeto causa de deseo. En ese sentido Lacan (7) mencionara:

"Aquí es donde yo afirmo que el interés del sujeto por su propia esquizia está ligado a lo que la determina,a saber, un objeto privilegiado, surgido de alguna separación primitiva, de alguna automutilación inducida por la proximidad de lo real, que en nuestro álgebra se llamara objeto a.".

Habría que mencionar que si esta simbolización de las perdidas primigenias que Lacan llamara objeto a, que pueden ser el pecho, la voz, y la mirada que pueden catalogarse como a. No hay que olvidar que la función del a, es ser la presencia efectiva de un hueco, de un vacío, que cualquier objeto puede venir a ocupar, las pulsiones contornean siempre ese espacio vacío. Jacques Lacan (7) lo dirá de la siguiente manera:

"Comprendan que el objeto del deseo es la causa del deseo y este objeto causa del deseo es el objeto de la pulsión, es decir, el objeto en torno al cual gira la pulsión. Puedo expresarme en fórmulas concisas,no es que el deseo se enganche al objeto de la pulsión, sino que el deseo le da vuelta en la medida en que es actuado por la pulsión.".

Si diéramos el siguiente ejemplo, imaginemos un velo o una cortina en el cual se proyecta una luz, lo que veríamos serían sombras, suponiendo que esas sombras despertaran mi deseo, imagino una bella mujer, sin embargo esas sombras no existen ni están, es decir lo que yo estaría haciendo es proyectar mi deseo sobre algo que no existe, lo anterior se revela en la experiencia cotidiana de que cuando creo que he encontrado lo que siempre había buscado, al momento de creer que lo he encontrado, lo pierdo y nuevamente estoy en falta.

Ahora me propongo desarrollar otro concepto que me parece capital en el planteamiento de Lacan, que es el concepto de Goce.

Para poder entender a cabalidad lo que el goce es, es necesario relacionarlo con lo que Lacan va a llamar el registro de lo real. En palabras de Jacques Lacan (7) dirá: "Tendremos que definir lo real como lo imposible." O como lo definirá más tarde en Lacan (10) "Ahí se distingue lo real. Lo real no puede inscribirse sino como un impasse de la formalización.".

Como sé vera el registro de lo real, aparece en él limite de la experiencia, y si la experiencia está condicionada por el lenguaje, lo real aparece como aquello que no se articula a la cadena significante y como consecuencia escapa a la emergencia del sentido y significación, lo real es lo inasimilable para el psiquismo, apareciendo como la ruptura en la continuidad de la experiencia, si se resiste a la simbolización, aquello marca lo que busca el psicoanálisis como el tratamiento de lo real por medio de lo simbólico. Lo anterior nos permite tener más claridad para abordar el concepto de goce, que aparece por vez primera en Freud en su articulo "más allá del principio del placer", donde aparece la compulsión de repetición como ese más allá del principio del placer, eso que va más allá del principio del placer, es el trauma aquello que la psiquis no puede elaborar. Ahora bien, y siguiendo esta lógica. El goce no es el placer, pero tampoco el displacer, sino que es una combinación, o mezcla o compromiso de ambos, que aparece en Freud, como la satisfacción secundaria del síntoma, es decir el mantenimiento del sufrimiento, de aquello de lo cual el individuo se quiere curar, y no obstante lo mantiene pues, a pesar del dolor una satisfacción secundaria mantiene (un ejemplo, quizás grotesco es el eterno papel de víctima, con que algunos individuos van por la vida). El goce surge del encuentro con lo real, y la repetición sería nada más que esa búsqueda de goce, por lo anterior el goce limita la vida y el goce absoluto sería la muerte del sujeto. Si el goce nace por su imposibilidad de ser simbolizado, tiene que ver con aquello del cuerpo que se resiste a ser atrapado por la cadena de significante, y que retorna desde lo real, como una repetición, en palabras de Alain Juranville(11) él nos dirá:

"El goce se distingue del placer e incluso se opone a él. Se produce en el cuerpo, sin cuerpo. ¿Cómo podríamos gozar de ninguna manera?.El goce es todo él cuerpo. Incluso cuando sé trata-iremos a ello- del otro goce del que Lacan dice que es mental. Lo que no hace más que caracterizar el goce como goce del significante. El significante supone, en efecto, una temporalidad radicalmente extramundana y una unidad que no podría tener otra sede que lo sensible. O sea el cuerpo. Lacan despés de introducir la idea de "sustancia gozante". Precisa. "Un cuerpo, eso se goza". No se goza sino por corporeizarse de manera significante. El significante se sitúa en el nivel de la sustancia gozante.".

Podríamos afirmar que el goce es el residuo que queda de la escritura que se produce en el cuerpo, escritura por lo demás es hecha por el otro, que en última instancia es la cultura, recordemos que el falo, es un significante, que se encuentra reprimido, de ahí que encontremos toda la dialéctica de ser o tener el falo, como se dice en un lenguaje popular cierto brillo, que nos hace parecer completos y no carentes. Ese más allá del placer que inaugura el goce, es la muestra que todo no pudo ser escrito en el cuerpo, y aquello que no pudo ser formulado retorna, de ahí que quizás el mismo Lacan afirme que en la búsqueda de la verdad encontramos el goce, pues la verdad solo se puede producir a medias, el buscar lo absoluto es el pasaje, que da cuenta que la existencia humana esta destinada a la muerte. El mismo Alain Juranville(11) nos dirá:

"El goce que va más allá del principio del placer, en el sentido que Freud toma este rebasamiento-en la pulsión de muerte-, es el goce sexual o goce fálico.El goce fálico es sin duda la realización del deseo, pero realización defectuosa y parcial. Es sin embargo es el lugar primordial donde el sujeto hace la prueba de la instancia de una plenitud absoluta que no aparece sino en su falta. Lacan declara que el acto genital del que el psicoanálisis hace el centro de toda la realización de la felicidad, en ese solo momento, un ser para otro puede estar en lugar vivo y muerto a la vez de la cosa".

A nivel biológico sabemos que existen machos y hembras, ser hombre o ser mujer, tiene que ver con las posibles identificaciones, que se hicieron en la escritura del cuerpo y las respectivas predicaciones, ser hombre o ser mujer es una cuestión que atañe al discurso, que atañe al lenguaje.

En el sentido de la misma escritura, Lacan afirmará que la mujer, en cuanto escritura.No existe, ni toda es. En palabras de Jacques Lacan(10) dirá :

"El sexo de la mujer-dije de la mujer, cuando justamente no hay la mujer, la mujer- no toda es-el sexo de la mujer no le dice nada, a no ser por intermedio del cuerpo. Que todo gira en torno al goce fálico, de ello da fe la experiencia analítica, y precisamente porque la mujer se define con una posición que señale como el no todo en lo que respecta al goce fálico. El goce fálico es el obstáculo por el cual el hombre no llega, diría yo a gozar del cuerpo de la mujer, precisamente porque de lo que goza es del goce del órgano".

Me parece que con lo anterior, lo que intenta decir Lacan es que si por una parte en la inscripción del significante, hay un cuerpo que no se deja inscribir del todo y por ende de ahí el cuerpo como gozante, lo que se ha inscrito siempre ha sido lo masculino, no existe la mujer, en cuanto escritura siempre se dice. El hombre. Lo que permite reconocer, que hay un goce de la mujer, distinto, diferente un otro goce, más allá del goce producido por la inscripción significante. En palabras de Jacques Lacan (10) nos dirá:

" No hay la mujer, artículo definido para designar el universal. No hay la mujer puesto que, ya antes me permití él término, por qué tener reparos ahora, por esencia ella no toda es. Sólo hay mujer excluida de la naturaleza de las cosas que es de las palabras, y hay que decirlo: si de algo se quejan actualmente las mujeres es justamente de eso, solo que no saben lo que dicen. No deja de ser cierto, sin embargo, que si la naturaleza de las cosas la excluye, por eso justamente que la hace no toda, *La mujer tiene un goce adicional, suplementario respecto a lo que designa como goce a la función fálica".*

El universo de lo femenino, ha sido un hecho de escritura, escritura construida por el hombre, dicho de otro modo la mujer ha sido una ficción escrita por el hombre, ficción que siempre ha resaltado la maternidad. El hecho de que la mujer tenga otro modo de gozar, nos abre al terreno de lo otro, de la diferencia, la mujer es en realidad la encarnación real de lo otro, es lo otro, como otro sexo, sin embargo, ese otro goce, es algo de lo cual ni ella misma sabe, y que por curioso que resulte encuentra su analogía, en el misticismo, en palabras de Jacques Lacan (10) manifiesta:

"Hay un goce de ella, de esa ella que no existe y nada significa. Hay un goce suyo del cual quizá nada sabe ella misma, a no ser que lo siente: eso sí lo sabe, desde luego cuando ocurre. ¿Y con que goza? Está claro que el testimonio esencial de los místicos es justamente decir que lo sienten, pero que no saben nada. Ese goce que se siente y del que nada se sabe¿no es acaso lo que nos encamina hacia la ex-sistencia?¿Y por qué no interpretar una faz del otro, la faz de Dios, como lo que tiene de soporte el goce femenino."

En esta diferencia que se produce entre el hombre y la mujer, radica que la relación sexual no pueda ser formulada, es decir que no se pueda escribir nada de eso, cada vez que lo hacemos nos encontramos en exilio, cada vez que lo intentamos quedamos atrapados en un terreno de extrañeza, al decir de Neruda, "todo en ti es naufragio". El mismo Jacques Lacan (10) nos dirá:

"Definí la relación sexual como aquello que no cesa de no inscribirse. Hay allí imposibilidad. Es, asimismo, que nada puede decirlo: no hallen el decir, existencia de la relación sexual. La contingencia, la encarné en él cesa de no escribirse. Pues no hay allí más que encuentro, encuentro, en la pareja, de los síntomas, de los afectos, de todo cuanto en cada quién marca la huella de su exilio, no como sujeto sino como hablante, de su exilio de la relación sexual. El desplazamiento de la negación, del cesa de no escribirse al no cesa de escribirse, de contingencia a necesidad, este es el punto de suspensión del que se ata todo amor. Todo amor, por no subsistir sino con él cesa de no escribirse, tiende a desplazar la negación al no cesa de escribirse, no cesa, no cesará.".

De la imposibilidad en la que nos sumerge lo sexual, del exilio que nos produce, de la soledad a la que nos remite, al decir de Bataille, al silencio, es la imposibilidad del encuentro, Lacan sostiene que la mujer tiene otro goce, goce que es suplementario, por la cual no hay encuentro, todo encuentro se hace fallido, en las palabras, de eso atestigua muy bien la literatura, en cuanto que la mujer intenta crear su modo de escribir, su modo de escribirse, no obstante el desencuentro aparece una vez más, de lo único de lo que se puede escribir y no cesara jamás es del amor. Si lo sexual no cesa de no escribirse, del amor no cesa de escribirse, el amor es poesía. Diría más bien para extenderlo un poco más, del amor y del odio, pues al decir de La Rochefoulcauld(1665) "El amor, si se lo juzga por la mayoría de sus efectos, se asemeja más al odio que a la amistad".

DESDE NIETZSCHE A LA DISCUSIÓN DE GÉNERO

Lo que me propongo desarrollar ahora, es el pensamiento de Nietzsche, guiado por la lectura de José Jara (1), en la línea de que el centro de gravedad de todo pensamiento, reside en el cuerpo, José Jara (1) sostiene:

"A diferencia de lo que ha hecho la tradición con respecto al hombre, que en lo fundamental se ha preocupado por investigar que son el espíritu y la razón, cuales son su condición de posibilidad, como proceden, cuáles son sus limites, en caso de que los tenga, y cuáles son sus fines, Nietzsche se preocupa por pensar e investigar aquello que ha sido negado o bien, marginado, subestimado, por esta tradición: El cuerpo. Por esto Nietzsche, también un pensador intempestivo. Devuelve al cuerpo su condición de ser el centro de gravedad del hombre.".

Lo que se me propone como interesante es que la tradición filosófica desde los griegos (Platón, Aristóteles) hasta la modernidad con Kant y Hegel, aunque los trabajos de Kant sobre la sensibilidad no fueron lo suficiente para desechar toda una tradición, se baso en la descalificación y degradación de todo aquello que sirve de soporte a la vida, es decir, su cuerpo, y por ende, y esta interpretación es mía, lo que es coincidente con el cuerpo, nuestra sexualidad. Ahora bien según Jara (1) existieron antecedentes que nos permiten entender, a la luz de hoy día esta situación, Jara (1) dice:

"Nietzsche dirige sus ataques a dos objetivos centrales que fueron fundacionales en la historia de la filosofía y de esta cultura. Primero, la imposición de la razón hecha por Platón, tras la huella de Sócrates, como única vía legítima para acceder al conocimiento y a la verdad, con su consiguiente rechazo a las vías de los sentidos y el cuerpo. Segundo, la transformación que de ese planteamiento se hizo en el cristianismo, de acuerdo con sus exigencias religiosas, que concluyó, ecumenizando la separación y diferencia valorativa entre lo espiritual-divino y lo corpóreo-humano. La descalificación del cuerpo en ambos casos, trajo como consecuencias que esté fuese abandonado como objeto de reflexión y análisis teórico consecuentes.".

El hecho que la tradición filosófica, haya arrancado desde esas perspectivas, y no considerado al cuerpo, es porqué tampoco ha consideraron la vida. Para Nietzsche, lo que le importa en última instancia, es hacer una filosofía para la vida, donde el cuerpo aparece como condición incanjeable. Por tanto, si la filosofía, no ha tomado esa dirección, es según Jara (1) los indicios de una enfermedad de nuestra occidentalidad, en palabras de Jara (1):

"Pero si el nihilismo es el calificativo teórico con que se designa una enfermedad-la del hombre occidental-entonces la filosofía, en la manera como se ha entendido y ejercido hasta ahora, tiene una responsabilidad ineludible con la salud de este hombre. Lo radical e intempestivo de su planteamiento se muestra cuando afirma que no es sin más el espíritu o la razón lo que filosofa en el hombre, sino que, desde la partida, las carencias o las riquezas del cuerpo...".

En Nietzsche, el cuerpo será el punto de anclaje desde el cual se afirmara para realizar sus críticas a la tradición filosófica. El mismo Nietzsche dirá citado en Jara (1):

"Y muy a menudo me he preguntado si es que, considerado en grueso, la filosofía no ha sido hasta ahora, en general, más que una interpretación del cuerpo, y una mala comprensión del cuerpo. Se puede considerar a todas esas audaces extravagancias de la metafísica, especialmente sus respuestas a la pregunta por el valor de la existencia, por lo pronto y siempre como síntomas de determinados cuerpos(.) De sus aciertos de sus fracasos, de su plenitud, poderío, autoridad en la historia, o por el contrario, de sus represiones, cansancios, empobrecimientos, de sus presentimientos del fin, de su voluntad final.".

Si ocurre ese desprecio del cuerpo, en pos de un más allá, nos quedamos remitidos a la nada, que Nietzsche, llamara la enfermedad del nihilismo, pues este más allá será todo lo contrario al centro de gravedad del cuerpo. El espíritu, como valor absoluto, desde ahí la invitación a recuperar el centro de gravedad, el mismo Nietzsche(2) lo dirá:

"Si se coloca el centro de gravedad de la vida, no en la vida, sino en el más allá-en la nada- se ha arrebatado el centro de gravedad a la vida en general (.) Todo lo que en los instintos es benéfico, favorable a la vida, todo lo que garantiza el porvenir, despierta entonces desconfianza. Vivir de modo que la vida no tenga ningún sentido, es ahora el sentido de la vida."

Que se tenga desconfianza en todo aquello que es primario en nuestra vida, y que conlleva al cuerpo, los instintos, es el signo de nuestra decadencia, y por ello de la enfermedad, que lo más cercano(nuestra corporalidad) sea lo más lejano, es el signo de nuestra enfermedad, a la cual la filosofía se ha adscrito como tradición, y por lo tanto es parte de esta enfermedad, en cuanto que lo que se ha pensado se ha alejado de este centro de gravedad, a saber el cuerpo, se ha alejado de la vida. El volver agarrar al cuerpo como centro de gravedad, es a fin de cuentas volver a tomar posesión de sí mismo, es ser un espíritu libre, Nietzsche (3) lo dirá así:

"Donde vosotros veis cosas ideales, veo yo -¡cosas humanas, hay demasiadas humanas!(.).La expresión <espíritu libre> quiere ser entendida aquí. En este único sentido: un espíritu libre que ha vuelto a tomar posesión de sí mismo."

El volver a tomar posición de sí mismo, es afirmar que primariamente, nuestro cuerpo está ahí, y por ende todo aquello, que es parte de nuestra corporalidad, entre ella nuestra sexualidad, y por tanto ese egoísmo primario, que se llama narcisismo no como ese signo de la caída y origen del mal, sino como uno de los aspectos, que nos hacen humano, demasiado humano, el mismo Nietzsche (3) comenta:

"Que se aprendiese a despreciar los instintos primerísimo de la vida; que se fingiese mentirosamente un alma, un espíritu, para arruinar el cuerpo, que se aprendiese a ver una cosa impura, en el presupuesto de la vida, en la sexualidad; que se buscase el principio del mal, él la más honda necesidad de desarrollarse, en el egoísmo riguroso(.) Que por el contrario, se viese el valor superior (.)En los signos típicos de la decadencia, y de la contradicción a los instintos, en lo desinteresado, en la perdida del centro de gravedad, en la despersonalización y el amor al prójimo (.) ¿La humanidad misma estaría en décadence? ¿Lo ha estado siempre? (.)La moral de la renuncia a sí mismo, es la moral de la decadencia par excellence"

Si esa renuncia a sí mismo, es lo que ha caracterizado esta moral de la decadencia, y por ende a una cultura, y a un sistema de pensamiento, como pretendió ser la filosofía, inspirada por esa decadencia, Nietzsche, viene a provocar un golpe decisivo, a la filosofía denunciando esa negación al cuerpo, pues si se afirma el cuerpo, se quiebran, o se cambian los valores, la famosa transmutación de los valores que propone Nietzsche, si se afirma el cuerpo el discurso que buscaba lo absoluto, el valor absoluto fuera del cuerpo, haciendo sistemas de pensamiento, a la manera de Kant, se fragmenta y por ello mismo, se crea una nueva manera de pensar lo antes no pensado, una manera de escribir, que a mi modo de Ver no podía ser de otra manera que una escritura fragmentaria, como al mismo tiempo se percibe el cuerpo, fragmentariamente, y más aun nuestra sexualidad, siendo lo más cercano y lo más lejano, pues en el cuerpo, a mi modo de ver, se da la presentificación de la existencia humana, a la manera de una compresión preontologica del ser, aunque no tengamos conciencia de ella el cuerpo, con sus ritmos, nos aparece como lo más cercano y lo más lejano.

Ahora bien, si bien el cuerpo hace de centro de gravedad, es porque la vida está presentificada en nuestra corporalidad, de tal modo que es el mismo Nietzsche (4) que manifiesta:

"Algo vivo quiere, antes que nada dar libre curso a su fuerza-la vida misma es voluntad de poder".

Con lo anterior se empieza a delimitar la conceptualización de voluntad, como un complejo juegos de fuerzas en la cual hay sentimientos, afectos, actos volitivos como pensamiento, las cuales acontecen en el cuerpo, siendo la vida misma en el placer del crear y lo creado, donde se proyecta esta voluntad, Nietzsche,dirá que se manifiesta en un acto, o en un sentimiento lo que aparece es esta voluntad, siendo la pasión por el conocimiento, ese sentimiento máximo con el cual se expresa la voluntad, Nietzsche(4), manifestara que en toda volición existirá una pluralidad de sentimientos, a saber:

"El sentimiento de estado que nos alejamos, el sentimiento del estado a que tendemos, el sentimiento de esos mismos alejarse y tender, y, además, un sentimiento muscular concomitante que, por una especie de hábito, entra en juego tan pronto como realizamos una volición, aunque no pongamos en movimiento brazos y piernas. Y así como hemos de admitir que el sentir, y desde luego un sentir múltiple, es un ingrediente de la voluntad, así debemos admitir también, en segundo término, el pensar: en todo acto de voluntad hay un pensamiento que manda; ¡y no se crea que es posible separar ese pensamiento de la volición, como si entonces ya solo quedase la voluntad! En tercer término, la voluntad no es sólo un complejo de sentir y pensar, sino sobre todo además, un afecto y, desde luego, un afecto del mando".

Como se puede apreciar, esa voluntad es un complejo de fuerzas, residente en el cuerpo, hasta podríamos decir que detrás de los pensamientos, sentimientos lo que se podría llamar el sí mismo, si tiene una ubicación esa residiría en el cuerpo. Al decir de Nietzsche citado por Jara (1):

"Hay más razón en tu cuerpo que en tu mejor sabiduría".

Si bien el cuerpo, es al centro al que debemos remitirnos, este cuerpo es condicionado por la historia, ha sido modelado por una tradición, la historia del pensamiento ha negado el centro, la residencia básica, la corporalidad. Ahora bien, si la historia se ha trasformado por una red infinita de interpretaciones posibles, asimismo la vida ha devenido como una interpretación, pues no se puede dudar que un cuerpo nace en el seno, de una sociedad en las cuales tiene una tradición histórica de pensamiento, que aparece como dominadora. El cuerpo conoce su apriori en la historia. Lo cual aparece interesante al definir qué son las vivencias, como lo expresara Jara(1) citando a Nietzsche:

"¿Qué son pues, nuestras vivencias? ¡Mucho más aquello que ponemos dentro de ellas, que lo que allí hay! ¿O se tiene que decir incluso: en sí, nada hay allí? ¿Es el vivenciar un inventar?."

Si las vivencias cotidianas, son interpretaciones, no es acaso el hombre un poeta de su propia vida, pero con ello lo que se intenta pensar es que la vida debe realizarse con un estilo, que encuentra su origen en la satisfacción, en el placer de lo que se realiza, es quizás por eso que Nietzsche, ha llamado a la filosofía o más bien a los filósofos, como aquellos que poseen el espíritu de lo pesado, lo serio; en cuanto que han llevado a cabo una forma de pensar, según la tradición, lo cual quiere decir la descalificación y negación del cuerpo.

Ahora bien, lo anterior me parece sumamente interesante, porque a mi modo de ver las cosas, Nietzsche, al pensar al cuerpo como centro de gravedad, hace al antecedente de pensar lo distinto, lo que no ha sido pensado, lo cual podría catalogarlo como el pensador que piensa lo otro, critica dogmatismos. Por una parte critica lo que ha sido la filosofía, pero por otro se adelanta en el tiempo a la discusión de Género. Obviamente podría pensarse, que en ese aspecto su pensamiento se hace contradictorio, pero pensemos lo que dice Nietzsche (5):

"Suponiendo que la verdad sea mujer, ¿no es fundada la sospecha de que todos los filósofos, en cuanto dogmáticos, entendían muy poco de mujeres, de que el aire terriblemente grave y la torpe importunidad con que hasta ahora solían a acercarse a la verdad fueron medios tan inadecuados como improcedentes de conquistar precisamente a una mujer?".

Siguiendo la lectura e interpretación de Susana Munich(5), al decir que quizás no es casualidad, que la afirmación que la verdad sea mujer, es una invitación que hace Nietzsche a pensar lo distinto, alejándose de la tradición de la razón occidental, derrumbando sistemas, descontruyendo y echar abajo los fundamentos de la moral occidental, siendo el suelo en el cual se ejecuto esa demolición la muerte de Dios.Desconfiando del progreso, la evolución y la racionalidad histórica, siendo la humanidad una noción vacía, pues el mundo no aparece una realidad ordenada por leyes que se dirigen a ciertos fines, sino un caos en que ciertos pueblos florecen y otros decaen y mueren; proponiendo que el mundo es un caos gobernado por la falta de orden, armonía, sentido, metas o evolución. Nietzsche identificara a la sabiduría, a la vida y a Europa en mujer, según Munich (5) y citando a Nietzsche:

"Se comprende que Nietzsche haya tomado el concepto "mujer" en su acepción negativa, de variabilidad, mentira, seducción, no-verdad, y lo haya identificado con la verdad. (…). El pensamiento de Nietsche no puede entenderse sino como una comprobación de que la verdad había cambiado su Género. (.).Cuando Nietzsche dice que "la verdad es mujer", la pone en relación con el error, con el egoísmo, con la injusticia, con la voluntad de poder. Creía que la verdad es esa "clase de error, sin el que un determinado tipo de seres vivientes no puede vivir(KSA.V.11p.506). Pensaba que "debemos amar y cultivar el error, es el regazo materno del conocimiento". (.). Uno de los significados de la frase "la verdad es mujer" tiene que ver con esta cualidad de la verdad de ser una creación producida por el hombre. La verdad, como la mujer, carece de contenido, es vacía, una mascara, que no encubre nada(KSA.V2.p.270). El hombre creador dice Nietzsche, la llena de contenido, la manda a ser algo, y ella obedece cuando el mandante tiene poder, cuando sabe mandarla. (.).La verdad, de masculina, racional, incondicionada, a-histórica, ha derivado femenina, irracional, relativa, inmoral y yo he decidido bautizarla con el nuevo nombre de "voluntad de poder"."."

Me parece que en la interpretación de Munich (5) cuando Nietzsche afirma que hay que cultivar el error, como el regazo materno de conocimiento, no se está refiriendo a la unión, al cuidado, como generalmente se interpreta el regazo materno, sino a la ausencia, o si se quiere llamarlo de otra manera a la separación del cuidado o comodidad; pues siguiendo esta manera de pensar sabemos que lo que mueve el pensar es esa falta de comodidad, con lo establecido con lo absoluto. Por lo demás estoy de acuerdo con ella, a veces una determinada sociedad se adscribe a un pensamiento dominante no tanto por un fundamento lógico racional, sino las más de las veces por seducción, o por persuasión, en las cuales se sabe, que operan intereses de poder. Ahora bien, Nietzsche fue bastante crítico con el socialismo y los movimientos de emancipación femenina. Con el socialismo por que realizaba una nivelación desde abajo no dándole espacio a las mentes excepcionales y negando la desigualdad, y en cuanto a la emancipación femenina, a mí me parece un poco paradójico, pues encontramos aforismos que de base descartan a la mujer, pero al mismo tiempo otros que la autoafirman, estoy de acuerdo con Susana Munich (5) en lo siguiente:

"Creo que Nietzsche cometió un importante error al no distinguir expresamente entre la diferencia y la desigualdad. Indiscutiblemente los hombres somos diferentes, y el perspectivismo tiene el gran valor de mover al respeto por "el otro". Pienso, como Nietzsche, que la mayoría de las injusticias sociales tienen por fundamentos la no-aceptación de la diferencia. (.).Por ser mujer, soy muy sensible al ejercicio del poder, y en mis meditaciones sobre estas cuestiones he llegado a la conclusión de que mi mayor problema no es la desigualdad entre hombres y mujeres. Las mujeres no deseamos, como creía Freud, poseer un falo, que nos iguale a los varones. Deseamos que se nos respete lo nuestro, que se entienda de una vez por todas, que una mujer, por tener un cuerpo diferente, tiene otras necesidades, expectativas, posibilidades, placeres. Respecto de estas cuestiones, los indios mapuches exhiben una sensibilidad semejante a la nuestra. Ellos no aspiran ser incluidos dentro de la cultura dominante, rechazan las valoraciones de los blancos, porque entienden igualdad implica anulación. Quieren que se les permita celebrar sus festividades religiosas, quieren conservar sus tierras, quieren afirmar su diferencia. (.)Creemos que la igualdad es complementaria a la diferencia y viceversa.".

Susana Munich (5) concuerda con Nietzsche, en afirmar la diferencia, sin embargo el afirmar la desigualdad, se esta legitimando las situaciones injustas productos del modelo socioeconómico con ello todo el tipo de injusticias y violencias que se producen a nivel social, educativo y por ende sexual. Podemos suponer que en Nietzsche, hay una marcada desconfianza a la posibilidad que las masas pudiesen ser educadas y un gran respeto por las jerarquías, superioridades raciales y sexuales. Veía también que en el cristianismo, empobrecía al individuo, llevándolo a la renuncia de sí mismo y a generar el resentimiento del maltratado, que aspira algún día a ser considerado en el más allá como un igual, legitimando el sufrimiento terrenal. No obstante todo lo anterior, pienso que en Nietzsche, se dan como un pensador intempestivo, afirmaciones que dan que pensar y según mi opinión genera o pone en la mesa, la discusión de género, tema que a fin de siglo será uno de los temas que más aumentan en ensayos, me parece que Nietzsche, es parte del momento histórico que vivió, y si algo me hace afirmar que su estimación por la mujer es contradictoria, es que hay un reconocimiento de ese otro femenino, aunque sea en la desigualdad pero reconocimiento al fin y al cabo, a la mujer no se la nombraba, y llegó a decir que la vida, la verdad, es mujer. Pienso que con esa afirmación socava los fundamentos de lo que era la filosofía, y pone en la mesa la discusión del Género. Quiero dar cuenta, de las paradojas que se producen en Nietzsche, en cuanto a la mujer tomándolo como Género, pues esta claro que si la verdad es mujer, tomándolo desde el punto de vista del pensamiento, es la llamada a pensar lo otro, sin embargo, pienso que subyacente a todo esto se asienta la discusión como Género, reflexionemos sobre las siguientes afirmaciones de Nietzsche, sobre el Género y el Amor (6):

"En la mujer todo es un enigma, y todo tiene una solución se llama preñez. El hombre para la mujer es un medio el fin es siempre el hijo. ¿Pero que es la mujer para el hombre? (.)La mujer comprende mejor que el hombre a los niños; pero el hombre es más infantil que la mujer. En todo verdadero hombre se esconde un niño: un niño que quiere jugar. ¡Ea, mujeres!,¡Descubrid el niño en él hombre!(.) Que el hombre tema a la mujer, cuando la mujer ama: entonce es cuando hace ella todos los sacrificios, y cualquier otra cosa le parece desprovista de valor(.).La felicidad del hombre es; yo quiero; la felicidad de la mujer es: él quiere. (.).¿Dónde hay belleza? Allí donde es menester que yo quiera con toda mi voluntad, donde yo quiero amar y desaparecer, para que una imagen no quede reducida a una pura imagen. Amar y desaparecer: he aquí cosas aparejadas desde hace eternidades. Querer amar es estar pronto a morir. (.).Lo varonil escasea: por eso se masculinizan las mujeres. Porque sólo el que es bastante hombre emancipará en la mujer. A la Mujer. (.).¿Y quién ha comprendido nunca enteramente hasta que punto son extraños, uno para otro, el hombre y la mujer?.(.), Hay siempre algo de locura en el amor. Pero siempre hay también algo de razón en la locura. (.).".

Como se puede apreciar, en ese socavar los fundamentos, de lo que es la tradición del pensar en occidente, en ese hacer la verdad mujer, es también hablar de la muerte de Dios, es hablar de la afirmación del hombre, es un cambio de posición, un nacimiento y una muerte, de la relación del hombre con el saber, de la relación del hombre con la mujer, y la relación con Dios, tan así es esto último, que es el mismo Nietzsche(6) que dice:

"Yo no podría creer más que en un Dios que supiese bailar".

Pienso que al nombrar lo extraño, lo otro, la diferencia, al afirmar que el centro de gravedad es el cuerpo, es hacer el desplazamiento a la diferencia del cuerpo es ir hacia la diferencia sexual, es ir a la discusión del Género. No cuesta para nada fijarse que por un lado Nietzsche afirma "lo varonil escasea por eso se masculiniza las mujeres". Pienso que bajo ese decir que " lo varonil escasea" hay una pregunta por el significado de lo masculino, si lo masculino es razón y lo femenino es emoción o sentimiento, se produce una suerte de doble negación, el hombre niega lo emocional y lo femenino niega lo racional, volvamos a la idea de Nietzsche, el cual afirma "hay más sabiduría en tu cuerpo que en tu razón", y es solo de ahondar un poco más cuando el mismo Nietzsche citado antes dirá " sólo el que es bastante hombre emancipara en la mujer. A la Mujer". Me parece y creo que la problematización que se genera se basa en lo que el mismo Nietzsche (4) dirá como:

"Las mujeres han sido tratadas hasta ahora por los hombres como pájaros que, desde una altura cualquiera, han caído desorientados hasta ellos: como algo más fino, más frágil, más salvaje, más prodigioso, más dulce, más lleno de alma, -como algo que hay que encarcelar para que no se escape volando. (.)No acertar en el problema básico "varón y mujer", negar que aquí se da el antagonismo más abismal y la necesidad de una tensión eternamente hostil, soñar aquí tal vez con derechos iguales, educación igual, exigencias y obligaciones iguales: esto constituye un signo típico de superficialidad un pensador que en este peligroso lugar haya demostrado ser superficial-¡superficial de instinto!- es lícito considerarlo sospechoso (.).Por el contrario, un varón que tenga profundidad, tanto en su espíritu, como en sus apetitos, que tenga también esa profundidad de la benevolencia que es capaz de rigor y dureza, y que es fácil de confundir con éstos, no puede nunca pensar sobre la mujer más que de manera oriental: tiene que concebirle a la mujer como posesión, como propiedad encerrable bajo llave como algo predestinado a servir y que alcanza su perfección en la servidumbre.".

Por un lado y que es con lo que me quedo, el problema básico es el de la diferencia entre el hombre y la mujer, eterno problema, al cual más tarde o más temprano se tenía que llegar, pues si el cuerpo es el centro, la diferencia de los cuerpos y su consecuencia en el pensar era obvio, la explicitación de lo otro, y es ese rechazo de Nietzsche, y su respeto por la jerarquía, el dominio, creo que se debe, inclusive a lo que el mismo hubiese dicho en el sentido de que todo pensar es parte de la historia en que se vive, y su condición de posibilidad conlleva a la comunidad en la cual se está inserto, la sociedad patriarcal de Nietzsche, con una economía la cual no se Había globalizado, ni exigía un mayor consumo, ni mayor producción, a diferencia de nuestra actualidad, no era necesario que las mujeres entraran al mercado laboral, no olvidemos que el capitalismo en aquel momento estaba en una fase de desarrollo, en una economía de acumulación, viviendo el auge de la industrialización, no obstante lo anterior, a mi modo de ver él marcó cual era el problema básico, el antagonismo más abisal, y la tensión eternamente hostil, a saber; "varón y mujer".

Con esto se empieza a configuran lo que será la discusión de Género, discusión que comenzara hacer su producción más fuerte con nuestro mundo económicamente globalizado, donde los ideales de la diversidad comienzan aparecer en todos los espacios sociales, lo publico y lo privado entrará en redefinición, y aparecerá producto de la crisis de la sociedad capitalista de acumulación nuevos modos de desarrollo capitalista desde una economía de acumulación y producción, el paso a una economía de consumo del mundo globalizado. Donde lo anterior producirá efectos en las relaciones sociales, lo que se traducirá en profundos cambios, a saber, la crisis de la institución familiar, y la aparición de la mujer, los niños, como sujetos sociales antes no considerados, como los homosexuales, de más reciente aparición. El resquebrajamiento de la sociedad patriarcal, donde el único sujeto considerado era: El hombre, y por ende el padre, como pilar de la familia, con un liderazgo inmiscuido, se empezará a poner en cuestionamiento. Las mujeres obtienen conquistas civiles, el voto femenino (que en chile se produce en 1950), las leyes que consideran a la mujer en el mundo laboral apuntando a la no-discriminación, que protegen la maternidad (pre y post-natal), que aseguran a la mujer frente a la eventual agresión del hombre (ley de violencia intrafamiliar etc.). De un mundo razonable y seguro, hemos recorrido el paso hacia un mundo flexible donde se ha perdido la certeza, y la eficiencia en lo económico ha ganado terreno a cualquier lugar; si bien todo lo anterior ha producido cambios sustanciales, podría afirmar que de los grandes cambios sociales exitosos la emergencia de la mujer en el mundo publico es una de las conquistas sociales más exitosas. Todo lo anterior desemboca en una redefinición de los roles sexuales (ser hombre y ser mujer), la intimidad como ese espacio donde no existimos él tu y él yo sino él nosotros por ende en el amor. La emergencia de la mujer, el descubrimiento de su cuerpo, sus placeres, su manera de pensar y escribir es el terreno de lo otro, es el terreno de la diferencia. Se podría afirmar que cuando hablo de Género, estoy haciendo alusión al hecho que desde la concepción hasta el nacimiento, lo cultural pone en marcha un conjunto de patrones o guiones de comportamiento, que irán delimitando un modo de ser y actuar en lo social, sea producto del aprendizaje o de identificaciones, desde la concepción se elige cierto tipo de ropa, ciertos adornos, ciertos juguetes(muñeca para la mujer y pistola para el varón etc.), el nacimiento y el reconocimiento de la diferencia anatómica pondrá en movimiento toda las escenas anteriormente descritas. Ahora bien, hay que reconocer que estos aprendizajes son un producto cultural, más bien una construcción cultural como también lo es los sentimientos o emociones que se ponen en juego a partir de la diferencia en la delimitación de ese espacio que llamamos intimidad. Quizás lo que aparezca con fuerza en este espacio que es un espacio de la diferencia será lo secreto de la sexualidad en la mujer, su misma anatomía habla de ello, sus órganos están ocultos se puede observar cuando un varón esta excitado sexualmente una mujer no, el hombre aparece en el terreno de lo visible, la mujer en el misterio, la diferencia orgásmica es más patente la mujer puede fingir, el hombre al parecer le cuesta más, la relación con el propio cuerpo, en cuanto un cuerpo que ejerce la fuerza, el poder, el éxito en el hombre, en la mujer salvo identificación masculina buscan otra cosa, su seducción no obedece tanto en el poder(todavía), no aparece con tanta fuerza como en el hombre la erotización de la violencia.La mujer está en un momento de continua redefinición de quién es, y como debe ser en un mundo cambiante e incierto. Riane Eisler (7) feminista radical ella misma definida como historiadora cultural hará el replanteo de los problemas de Género a partir de la teoría de la transformación cultural. En la cual ella sostiene que:

"Al examinar la sociedad humana desde una perspectiva genérico holistica, surge como resultado una nueva teoría de evolución cultural, la cual, propone que bajo una superficie de gran diversidad en la cultura humana, subyacen dos modelos básicos de sociedad. El modelo dominador y el modelo solidario. La teoría de la transformación cultural propone que nuestra evolución fue hacía la solidaridad. (.) En esta bifurcación cardinal, se interrumpió la evolución cultural de las sociedades que adoraban las fuerzas del universo generadoras y sustentadora de vida. Entonces en el horizonte protohistórico aparecieron invasores proveniente de las áreas periféricas del globo. Que veneraban el poder de quitar la vida antes de darla. (.)La teoría de la transformación cultural que he desarrollado en las últimas dos décadas considera a los sistemas sociales como autoorganizado, autosustentados y capaces de ciertos puntos de bifurcación, nuestra evolución se ha formado por el impacto interactivo de los dos modelos dominador y participativo, como dos posibilidades básicas de organización social. (.).La teoría de transformación cultural enfatiza que en periodos de desintegración social o el desequilibrio extremo de los sistemas, existe una oportunidad para el cambio socioideológico trasformativo. Sin embargo, hay otro resultado posible: que el sistema dominador se reconstituya a sí mismo bajo formas institucionales e ideológicas aparentemente nuevas que sólo cooptan algunos elementos solidarios.".

La autora conceptualmente va a tomar la noción de sistema desde lo biológico, para aplicarlo a los fenómenos sociales, específicamente lo que ella va hacer es mencionar que a sí como los sistemas biológico se autoorganizan, dándose a sí mismo su propia organización, en su constante interacción con una realidad cambiante, modificándose el organismo como el ambiente en cual habita mutuamente. Asimismo ocurre en las sociedades en su devenir histórico. Ahora bien la autora se va a referir a dos sistemas que interaccionan; el sistema dominador y el solidario o participativo, no va a usar el término de matriarcado o patriarcado, pues ella   ve   en   el   uso   de   esas conceptualizaciones un cambio de poder unidireccional, si en el juego de fuerza, el poder queda en manos del hombre estaría en el patriarcado si fuera al revés sería matriarcado, ella no está de acuerdo con lo anterior porque ve que en el juego de fuerzas, lo que se puede apreciar históricamente y esto basándose en los recientes hallazgos arqueológicos en sociedades neolíticas(específicamente micénica) en la cual quedan rastro de pinturas, grabados etc. ,

que dan cuenta de sociedades pacificas en las cuales se observa colaboración, la autora prefiere sustituir el concepto de matriarcado.Por el de solidario, porque es una palabra conocida que connota reciprocidad. Y se acerca a pensar lo social a partir de lo que Marx, sostenía en el sentido en que la manera como se organiza un grupo social o comunidad determina la existencia y la conciencia. Riane Eisler (7) reconstruirá el pasado histórico, de una forma mítica a juicio mío, en el cual ella sostendrá, que no se puede negar los factores que condicionaron ese pasado. Obviamente estos pueblos que crearon una cultura o modelo solidario, conocieron los beneficios ambientales del buen clima, tierras fértiles que condicionaron el asentamiento o sedentarización lo que les permitió el desarrollo agrícola, en algunos casos como en la isla de creta, les favoreció el hecho de que el propio territorio les permitía tener una defensa natural frente a cualquier pueblo invasor, todo lo anterior se tradujo en palabras de la autora en una valorización de la vida, y por ende de lo materno, poseían rituales de adoración frente a diosas, no hubo una marcada división de tareas que conllevara a una división de Género. Según la autora estos pueblos fueron arrasados por aquellos pueblos que no conocieron tal bonanza, específicamente y debido a recientes excavaciones arqueológicas a estos pueblos invasores protoindoeuropeos se les llamo kurgos ,porque trajeron consigo montículos funerarios encontrados en la región árida cerca del mar caspio llamada estepa kirghiz(actualmente Rusia), que se supone fue su tierra natal, al contrario de los anteriores esos pueblos eran nómades las tierras donde se asentaban no les permitía el cultivo, y no pudiendo encontrar otra forma de sobrevivir, fueron condicionados a saquear a otros pueblos más indefensos, para ello se basaron en la fabricación de armas, llegando en esa tecnología guerrera a la creación del metal más fuerte y por ende su símbolo la espada. También se supone que cometieron incursiones a Europa las cuales se extendieron hacía todas las regiones conocidas. Un tema central del arte kurdo, fue la deificación para dominar y destruir, que en los primeros tiempos se representaba con figuras semi-antropomorfas de dioses cuyos brazos eran alargadas o hechas con largas flechas, y más tardes con dioses masculinos cabalgando y blandiendo armas. La autora también recurre a la etología para fundamentar su tesis, específicamente a como ciertos comportamientos, entre ellos la agresión tienen una base específicamente ambiental. Para ello estudiara y comparara el comportamiento del símil más cercano al hombre como el chimpancé con el comportamiento de una especie más recientemente estudiada como los bonobo o chimpancé pigmeo. Según la autora estos monos suelen compartir sus alimentos, cosa frecuente en los humanos pero escasa entre otros primates, salvo entre madres e hijos. Según Riane Eisler (7) sostiene:

"Si bien no está claro que vínculo es más importante, hembra-macho o hembra-hembra, Kano, Kuroda, Amy Parisch, Frances y White y otros que han observados a los bonobos subrayan la importancia en su organización social de lo que Kano llama "fuertes vínculos entre machos y hembras" y "alta sociabilidad de las hembras". (.).Kano dice "la mayoría de los animales copulan sólo como un acto de reproducción". Pero los bonobos, los apareamientos no reproductivos disminuyen la hostilidad y ayudan a establecer y mantener la intimidad entre machos y hembras". (.).Por cierto como señala Kano, la mayor participación de machos en el cuidado de los hijos(así como los niveles generalmente bajos de agresión masculina en la sociedad de bonobo) se relaciona con lo que él llama " su prolongado apego familiar" mientras los machos de la especie chimpancé común se apartan cada vez de sus madres durante la adolescencia al crear lazos con machos adultos, los hijos bonobo se quedan con sus madres pasada la edad adulta, además no se han observado agresiones serias entre machos maduros contra jóvenes, y que al contrario, muchas veces se observó, machos en el rol de niñeras.".

Todo lo anterior sirve de argumento para refutar la supuesta " naturaleza" de la relación de dominación entre las mismas especies animales, de la cual se supone desciende el hombre, no obstante, hay que recalcar que aunque estas observaciones dan ciertas luces sobre la evolución, hay un fuerte contenido ambiental, no hay que olvidar que la cultura se opone a la naturaleza, por la sencilla razón que la cultura es un artificio, una construcción, si bien se pueden hacer paralelismo, me parece que hay que tener un cierto dejo de cuidado, al extrapolar o hacer analogías de un ámbito a otro.

De igual modo la autora ve en el movimiento histórico, una suerte de choque entre modelos solidarios y dominadores donde se dan avances y retrocesos, y enfatiza el mecanismo de coopción, es decir como ciertos logros o éxitos de un determinado sistema a veces son incorporados por otro, específicamente como un elemento solidario, como una mayor igualdad entre el hombre y la mujer, puede ser absorbido por un sistema mayor como el modelo dominador, haciéndolo parte del. Con esto me refiero que en nuestra actualidad una mujer puede tener un mayor espacio publico, pero esta se comporta de una manera equivalente a como lo plantea el modelo dominador. Si se sigue en la ruta trazado por   Eisler (7), se puede apreciar que cada modelo tiene ciertos elementos que lo conforman entre ellos: la relación de Género, la violencia, la estructura social, la sexualidad, la espiritualidad, el placer y el dolor, y por último el poder y el amor. Para la autora, los términos feminidad, y masculinidad, corresponden a estereotipos sexuales, construidos socialmente para una sociedad dominadora, donde lo masculino se asocia con dominio y conquista y la feminidad a la pasividad y la sumisión. Si analizamos elemento por elemento de los modelos propuestos veremos que en cuanto a relación de género, para un modelo dominador, lo masculino supera en rango a lo femenino y se valora en mayor medida; en cambio en un modelo solidario lo ideológico imperante valora por igual lo femenino y lo masculino dando énfasis eso sí a la importancia de la crianza. En cuanto a la violencia, en un modelo dominador, se legitima el uso de la violencia y el abuso, sea en lo laboral en la casa: En cambio en un modelo solidario la violencia y el abuso no son componentes estructurales del sistema, por tanto se propende a la resolución no violenta de los conflictos. En cuanto a la estructura social, en un modelo dominador, la estructura social es jerárquica y autoritaria; en cambio en un modelo solidario la estructura social es basado más en la igualdad pero aceptando las diferencias (ya sean de Género, raza, religión preferencia sexual o creencias). En cuanto a la sexualidad, en el modelo dominador la coerción es un elemento importante en la selección de pareja, la relación sexual y procreación, hay una erotización del temor, y el sexo la función que desempeña es el de la procreación y descarga masculina. En el modelo solidario se enfatiza el respeto mutuo y la libertad de elección para hombres y mujeres, la principal función del sexo es el mutuo sentir placer, es el vínculo entre hombre y mujer. En cuanto a la espiritualidad, en el modelo dominador el hombre y la naturaleza están por sobre la mujer, las entidades divinas se representan como entidades en una figura de padre las cuales son castigadoras que basan su poder en el miedo. En cambio en el modelo solidario se valora los poderes vivificantes y sustentadoras de la mujer, el acogimiento. En cuanto al placer y el dolor, en un modelo dominador la imposición o amenaza del dolor es esencial para mantener el sistema, se santifica la imposición o el padecimiento del dolor. En cambio en el modelo solidario, los lazos humanos se mantienen más por placer que por dolor, los placeres de las conductas de cuidado se apoyan socialmente. Se considera sagrado cuidar, hacer el amor y otras actividades que generan placer. En cuanto al poder y el amor, en el modelo dominador, el poder supremo es el de dominar y destruir, simbolizado por la espada. "Amor" y "pasión" son términos que a menudo se utilizan para justificar actos abusivos y violentos de quienes dominan. En cambio en el modelo solidario el poder supremo es aquel para dar, nutrir e iluminar la vida, simbolizado desde la antigüedad por el cáliz o grial sagrado. El amor se reconoce como la máxima expresión de la evolución de la vida en el planeta. Ahora bien todo lo anterior se expresa en una política del cuerpo, pues es el cuerpo donde se reflejan en últimas instancias, los elementos de los anteriores modelos descritos. Pero también no es menos cierto que toda esta política del cuerpo tiene una historia que se remonta a las épocas griegas y romanas clásicas, especialmente entre los filósofos estoicos. Pero solo más tarde con san Pablo, y en forma concluyente con san Agustín, entrara en vigencia la noción cristiana de que el cuerpo humano, y en particular el cuerpo de la mujer es corrupto ,incluso demoníaco. Como señalara Eisler (7):

"El vehículo mítico usado por Agustín para apoyar esta idea fue una reinterpretación radical de la historia de la bíblica de adán, Eva y la caída. Según san Agustín, la caída del paraíso-supuestamente provocada por una mujer- hizo que el sexo y el cuerpo humano fueran irreversiblemente corruptos. Además según él, el sexo y el nacimiento son, para toda la humanidad y para siempre, los instrumentos de castigo eterno de Dios para toda mujer y hombre por este pecado original. Agustín creía, y la iglesia finalmente lo acepto, que hasta el día de su muerte todos los seres humanos nacidos en esta tierra mediante una relación sexual cargan la maldición del pecado de desobediencia de adán y Eva."

La misma autora citara a san Agustín para confrontar el hecho, de que todo niño nacido por una unión sexual, entre hombre y mujer llega manchado de pecado el cual se trasmite vía el semen masculino. Riane Eisler (7) cita a san Agustín:

"Dios, autor de toda naturaleza pero no de sus defectos, creó bueno al hombre; pero este, corrompido por su elección y condenado por la justicia, produjo un linaje corrupto y condenado. Entonces todos existíamos en ese único hombre y en conjunto éramos ese único hombre que cayo en pecado a través de la mujer que se creo a partir de él antes que existiera el pecado. Pese que aun no estaba establecida ni asignada en forma especifica en que cada uno de nosotros viviría, nuestra naturaleza ya estaba presente en la semilla (semen) de la cual brotaríamos. Y debido a que esta naturaleza ha sido ensuciada por el pecado, destinada a la muerte y con justicia condenada, ningún hombre nacerá del hombre en otra condición.".

Si la autora retoma a san Agustín es porque su posición fue la asumida por la cristiandad, y esto resulta interesante, pues sabemos que la evolución religiosa tiene paralelos con el desarrollo económico y social. Si el cuerpo fue denigrado, y entre ello sobre todo el cuerpo de la mujer, en el desarrollo capitalista será considerado como un bien de consumo, entre la oferta y la demanda, se hará una capitalización, sobre todo del cuerpo de la mujer, si el sexo opera en el espacio de lo privado, saldrá a lo público como un bien de consumo (me refiero a la prostitución). No obstante la autora se acerca a las posturas de Marx y otros autores que criticaron duramente la opresión que se generaba en el sistema capitalista, reconoció que tanto autores como Engels y más contemporáneos como Simone de Beauvoir, reconocen la desigualdad y la opresión de la mujer, no obstante para Engels, fue " una conquista histórica" y la Simone de Beauvoir, tuvo una posición contradictoria, por un lado critica al sistema patriarcal, pero en otros pasajes señala que el vuelco del matriarcado al patriarcado fue un hecho histórico, sin embargo necesario para el progreso de la civilización. Llegando incluso a justificar la desvalorización de la mujer como una etapa necesaria para la humanidad.

Como hemos podido observar la autora es una feminista radical, que propugna una vuelta al un modelo solidario de convivencia, y critica duramente al sistema capitalista que lo ve un correlato del un modelo dominador, y se dedica criticar toda la creación mítica, construida desde el hombre hacía la mujer, afirmando con fuerza que en la medida que no se den mayores condiciones de igualdad social, se ira legitimando que la mujer comercie con aquello que le es más cercano y ha asegurado históricamente su sobrevivencia, a saber, su cuerpo.

Podríamos retomar la idea de que los cambios que se han dado en la sexualidad, son el reflejo de las crisis de la modernidad o la transición a una nueva modernidad (posmodernidad). En palabras de Anthony Giddens (8) este autor mencionara que en el terreno de la intimidad se han producido enormes transformaciones, que abarcan la sexualidad y el Género, él nos mencionara:

"La intimidad implica una absoluta democratización del dominio interpersonal, en una forma en todo homologable con la democracia en la esfera pública. Hay todavía más implicaciones. La transformación de la intimidad puede tener una influencia subversiva sobre las instituciones modernas consideradas como un todo. (.)Los cambios que afectan ahora a la sexualidad son revolucionarios, no en la superficie sino en profundidad.".

Si bien todo estos cambios implican una transición de la sexualidad, también los son en el generamiento de una nueva manera de vivir la sexualidad, de una nueva manera de establecer relaciones con el otro sexo, Giddens (8) dirá:

"La emergencia de lo que yo llamo sexualidad plástica es crucial para la emancipación, implícita tanto en la pura relación como en la reivindicación del placer sexual por parte de las mujeres. La sexualidad plástica es una sexualidad descentrada, liberada de las necesidades de la reproducción. Tiene sus orígenes en la tendencia, iniciada a finales del siglo XVIII, a limitar estrictamente el número familiar; pero se desarrolla posteriormente, como resultado de la difusión de la moderna contracepción y de las nuevas tecnologías reproductivas. La sexualidad plástica puede quedar moldeada como un rasgo de la personalidad y se une intrínsecamente con la identidad. Al mismo tiempo-en principio-libera la sexualidad de la hegemonía fálica, del desmedido predominio de la experiencia sexual masculina. (.)En este momento, se ha abierto un abismo entre los sexos y no se puede decir con certeza cuándo se tendera un puente."

De lo anterior se puede decir que no es solo la sexualidad, donde se ha dado esta transformación, sino también en la redefinición de la intimidad como el amor, como vínculo que sé establece entre dos seres. En el espacio de la intimidad se ha dado un proceso de democratización, lo que hoy constituye una realidad. Si bien el fomento de la democracia en la esfera pública fue un proyecto masculino, en el espacio privado y quizás menos visible las mujeres han ejercido un papel de primera línea. Lo que va hacer Giddens(8) es llevar el concepto de la democracia en lo publico hacia lo privado, para la cual va ha comenzar definiendo que se entiende, en general hoy en día por democracia, en nuestro mundo occidental, y para encontrar su significado hay que remitirse a los elementos que la componen, como son: a) La creación de circunstancias en las que las personas puedan desarrollar sus potencialidades y expresar sus diversas cualidades.b)La protección respecto del uso arbitrario de la autoridad política y del poder coercitivo, esto supone la idea de que las decisiones se pueden negociar, sobretodo para aquellos que afectan.c)La implicación de los individuos en la determinación de las condiciones de su asociación.d)La expansión de las oportunidades económicas para desarrollar los recursos disponibles. Aparece importante la idea de autonomía en esa capacidad de los individuos de reflexionar por sí mismo y autodeterminarse. La democracia implica discusión, implica que en las decisiones que se tomen tenga fuerza el mejor argumento. La democracia, no requiere igualdad, no es enemiga del pluralismo, el principio de la autonomía favorece la diferencia e insiste que la diferencia no debe ser castigada. La democracia es enemiga de los privilegios, así como también no significa una nivelación por abajo, en su lugar fomenta la elaboración de la individualidad. Ahora bien Giddens (8) al llevarlo al espacio de lo íntimo nos dirá:

"El principio de autonomía ofrece el hilo conductor y el componente   sustantivo más importante de estos procesos. En el escenario de la vida personal, la autonomía es la realización feliz del proyecto reflexivo del yo personal, la condición para relacionarse con los demás de forma igualitaria. El proyecto reflexivo del yo debe desarrollarse de tal manera que permita una autonomía en relación con el pasado, cosa que-a su vez-permite una colonización del futuro."

Ahora bien si en el proceso de democratización de la vida personal cobra relevancia el principio de autonomía, es porque con ello se define uno de los ideales de tal relación a saber, la implicación de los individuos en la determinación de las condiciones de su asociación, donde no se excluye ni la confianza, ni la responsabilidad en su relación con la autoridad, pues   confianza sin responsabilidad es susceptible de llegar a la unilateralidad que cae hacía la dependencia; y por otro lado la responsabilidad sin confianza podría caer al escrutinio permanente de las acciones y motivos del otro. Según Giddens (8), la confianza implica darle un crédito al otro, y que no este basado en una inspección continua, pero que no este libre de una inspección periódica si es necesario. Pero en el pensamiento del autor y englobando lo anterior, no es quizás lo que él destacará en su definición de intimidad, pues si bien reconoce todos los anteriores conceptos y enfatiza el papel de la autonomía él destacara, que no es tanto el respeto por el otro, sino más bien un abrirse al otro. En palabras de Anthony Giddens (8):

"La intimidad no es ser absorbido por el otro, sino conocer sus características y dejar disponible lo propio de cada uno. Abrirse al otro, paradójicamente, requiere establecer límites personales, porque se trata de un fenómeno comunicativo. También requiere sensibilidad y tacto, ya que no equivale en absoluto a vivir sin privacidad."

Quizás a lo que se aspira con esta petición de principio, es establecer una promesa de que el poder pueda ser compartido en la relación, basándose en la autonomía y en un abrirse al otro. Si Giddens (8) nos manifiesta esta transformación de la intimidad, productos de los cambios globales de la modernidad insistirá también, en los cambios que se han producido, en las concepciones del amor como también el nacimiento de nuevas patologías. El autor nos dirá que de un amor romántico asistimos al tránsito de un amor confluente, y asimismo en este proceso de transformación que ocurre en la esfera de la intimidad, se observan el nacimiento de un fenómeno de nuestro actual tiempo, a saber el nacimiento de relaciones adictivas en el plano de la intimidad (¿amor o adicción?).

El amor romántico comenzó hacerse notar a partir de finales del siglo XVIII, incluyendo un elemento novelesco en la vida individual, nos referimos a lo sublime, aunque incluía elementos de lo que se llamó amor pasional fue totalmente distinto. En el amor romántico, los afectos y lazos, el elemento sublime del amor, tiende a predominar sobre el ardor sexual, el amor rompe con la sexualidad pero la incluye, la virtud asume un sentido nuevo para ambos sexos, significa no solo inocencia, sino también la aparición, de ciertas características que asumen a la otra persona como "especial", así como el impacto de "el amor a primera vista" pero despojado de cualquier instancia erótica, era un acto intuitivo de las cualidades del otro, un gesto comunicativo; donde aparece esa marcada concepción novelesca, de ser "un amor para siempre", La lujuria y el amor terreno(considerado dentro de lo que se llamó amor pasión) están fuera del amor romántico, no tanto porque no corresponda a ideales, sino que más bien no corresponde a esos espíritus que al encontrarse se ofrecen una reparación mutua.

Anthony Giddens (8) enfatiza que:

"El surgimiento del amor romántico debe ser comprendido con diversos conjuntos de influencia que afectaron a las mujeres de alrededor de finales del siglo XVIII en adelante. Una fue la creación del hogar. La segunda fue el cambio de la relación de padres e hijos; La tercera fue lo que algunos han dicho como la "invención de la maternidad". En lo que concierne a las mujeres todos estos elementos quedaron estrechamente integrados".

Si bien este amor romántico puede y en general lo atestiguan las novelas románticas, terminan en tragedias, también produce un logro, la conquista de preceptos y compromisos mundanos. Este amor se proyecta en dos sentidos: ata e idealiza al otro, y proyecta el curso de procesos futuros. Ahora bien este amor romántico atraviesa tanto al hombre como la mujer, Anthony Giddens (8) nos ofrece un ejemplo de este tipo de romanticismo en el hombre, a la vez que lo comparará con el amor confluente. En palabras de él:

"Él se entrega como esclavo a una mujer(o varias mujeres en su caso) y trata de construir una vida a su alrededor. (Lo anterior es un ejemplo de amor romántico en lo masculino). Abrirse uno al otro, es la condición a lo que yo llamare amor confluente. El amor confluente es un amor contingente, activo y por consiguiente choca con las expresiones de "para siempre", "solo y único" que se utiliza por completo en el amor romántico. La sociedad de las separaciones y de los divorcios de hoy aparece como un efecto de la emergencia del amor confluente más que como una causa. El amor confluente tiene más posibilidad de convertirse en un amor consolidado; cuanto más retrocede el valor del hallazgo de una persona especial, más cuenta "la relación especial". (.).El amor confluente introduce por primera vez un ars erótica en el núcleo de una relación conyugal, se desarrolla en una sociedad en la que cada uno tiene la posibilidad de quedar sexualmente satisfecho y presupone la desaparición del cisma entre "mujeres respetables" y las que quedan fuera del ámbito de la ortodoxia social, no es necesariamente un amor monógamo, en el sentido de la exclusividad sexual. Lo que la pura relación implica es la aceptación-por parte de la pareja hasta nuevo aviso-de que cada uno obtiene suficientes beneficios de la relación como para que merezca la pena continuarla. (.).La exclusividad sexual tiene aquí un papel en la relación, en el grado en que los emparejados lo juzguen deseable o esencial. (.)El amor confluente no tiene una relación específica con la heterosexualidad (como el amor romántico también se da en homosexuales). El amor confluente, aunque no necesariamente andrógino, y quizás todavía estructurado alrededor de la diferencia, presupone un modelo de relación pura, por la razón de que un hecho básico del mismo es conocer los rasgos del otro. Es una versión del amor en que la sexualidad de una persona es un factor que debe ser negociado como parte de una relación."

Este proceso de transición de las relaciones amorosas, producto de la modernidad (posmodernidad), implica una suerte de continua revisión de los lazos que se establecen en nuestra actualidad, como anteriormente se ha descrito. Quizás el hecho de este cambio notorio en las generaciones actuales también implica el nacimiento de nuevas patologías en referencia al sexo. Con relación a lo anterior Anthony Giddens (8), va a manifestar que en nuestra actualidad la noción de adicción perfectamente puede ser llevada al terreno del sexo. Si bien el estudio de las adicciones comienza a ser estudiado por el problema social de alcoholismo, de la sintomatología detectada existen varias que perfectamente pueden hacer del sexo una adicción. A continuación enumeraré algunas de estas características que perfectamente pueden ser llevadas al terreno de lo sexual: a) lo elevado; este es un sentimiento momentáneo de exaltación, es un momento de triunfo así como de relajación.b) lo fijo; Cuando una persona es adicta a una experiencia especifica, la búsqueda de lo elevado se convierte en la necesidad de lograr algo fijo. Lo fijo facilita la ansiedad e introduce al individuo en la fase de narcotizante de la adicción, y posteriormente va seguido por la depresión y sentimiento de vacío. c) lo elevado y lo fijo son maneras de ponerse fuera de cualquier temporalidad. La persona se encuentra en "otro mundo" en un estado de "éxtasis". d) La experiencia adictiva es una relajación del yo, un abandono temporal de la identidad genérica e) El sentido de pérdida de control de la identidad consciente va seguido de sentimientos de vergüenza y remordimientos f)En la experiencia adictiva hay una perdida del deseo en el sentido de que constantemente no se "desea nada más". g) En las adicciones no se les puede catalogar como indulgencias, en el fondo las adicciones son patologías de la autodisciplina, una falla o un quiebre en la capacidad de dominio de sí mismo y sus impulsos. Quizás lo que me parece más relevante de lo anterior en que en cualquier adicción hay una perdida de la autonomía, de la capacidad de elegir, lo adictivo es lo opuesto a una libre opción, siendo una reacción defensiva, y una vía de escape, siendo una falsa autonomía del yo que arroja una sombra sobre la competencia del yo. Por tanto a la pregunta ¿puede el sexo transformarse en una conducta de carácter adictivo? . Anthony Giddens (8), responderá que sí. Y no solamente responderá que sí, sino que además dirá que esta conducta sexualmente compulsiva obedecerá a la diferencia del Género; Ni siquiera hombre y mujeres son compulsivos de la misma manera, para ser anecdóticos no existe en el hombre la equivalencia femenina de "la mujer fácil", como tampoco se puede hablar de seducción a lo Casanova, cuando históricamente nunca la mujer en nuestra actualidad ha estado tan dispuesta, la seducción va en franco retroceso sino es que es algo obsoleto. Marcando todo lo anterior en está transformación del espacio privado no esta exenta de una patologización, quizás en el mejor de los casos se puede hablar de intimidad pero quizás en otro asistimos derechamente a una relación adictiva donde aparece con magnitud, la obsesión por querer a alguien, la necesidad de una gratificación inmediata, donde el poder aspira al control, donde la manipulación sustituye a la confianza, confundiendo la pasión con el temor, manteniéndose la relación de una manera estática sin cambios apuntando siempre a la fusión. Quizás lo que antaño se entendía por amor, hoy día no habría por que extrañarse que se lo denomine adicción. En este proceso de cambio socioeconómico a escala global, se obtuvieron logros pero también costos; entre los logros un parcial reconocimiento del cuerpo, el de la diferencia entre el Género, nuevos derechos y obligaciones, una mayor autonomía, pero al mismo tiempo nuevos modos de patologización donde halló su centro, en aquello mismo por lo cual se lucho, a saber el reconocimiento del estatuto del cuerpo y el sexo, en la historia del pensamiento contemporáneo.

DISCUSIÓN

Para comenzar está discusión me parece pertinente recordar que las preguntas que han guiado este trabajo, se pueden ordenar bajo el objetivo de generar una discusión entorno a la negación y descalificación que ha tenido el cuerpo, o la corporalidad para el pensamiento contemporáneo, o dicho de otra manera ¿en qué medida el pensamiento filosófico ha incorporado el cuerpo como un objeto de discusión? O más bien ¿qué razones podemos encontrar para que el pensamiento halla descalificado el cuerpo, negado el cuerpo como objeto de discusión filosófica?, ¿En que medida el psicoanálisis pretendió ser un sistema de pensamiento que intentara pensar lo sexual, como referencia básica entorno a nuestra corporalidad? ¿Que logros se obtuvieron y que dificultades? .

Me parece que nuestra tradición de pensamiento desde Sócrates hasta los tiempos de Nietzsche, negó o descalificó la corporalidad, o no asumió el cuerpo como centro de gravedad, debido a múltiples rezones, pero que entre las cuales me parece obvias que los juegos de poder aparecen como los más fuertes, pienso que hubo una necesidad histórica de no hacer aparecer el cuerpo debido, a que las implicancias que esto representaba, iban en dirección opuesta a un proceso de desarrollo creciente de un sistema económico emergente (el placer iba en contra de cualquier mecanismo de producción a gran escala). Me parece que no se puede olvidar que el proyecto de nuestro occidente se encuentra, desde su cuna griega ensamblado al proyecto de una razón que trasciende al cuerpo, negándolo y desechándolo; ¿pero entonces porque a partir de Nietzsche, el cuerpo empieza a ser tomado más y más en cuenta?.Creo que quizás la razón de ello reside en la caída de lo trascendental, lo absoluto, en la caída de la fe en la razón, que no ocurre solo como critica a nuestra modernidad, sino que encuentra asidero también en los desarrollos de la física(de lo absoluto a lo relativo y lo cuántico), en las matemáticas(Godel), y posteriormente en las caídas de las ideologías que tenían una base metafísica apoyado en sistemas absolutos; poco a poco empieza a tomar forma el discurso de lo diverso, de lo diferente, el discurso que viene a la mano con la aparición de lo otro, o el otro. Creo que se empieza a suponer que el totalitarismo tenían como base conceptual, la uniformidad de los sistemas conceptuales absolutos perfectos y cerrados, creo además que en la transición de los manejos del poder, de una economía de acumulación, el discurso de las redes de poder, tenía que cambiar en un mundo globalizado, era necesario que se aceptara la diferencia, y entre ellas las del cuerpo y lo sexual. El cuerpo y los discursos de la diferencia se empiezan hacer cada día más frecuentes (discurso de Género), propios de una economía globalizada de consumo donde el cuerpo podía también transformarse, en objeto de consumo. Para hacer una síntesis, de la referencia al cuerpo como maquina y asexuado (economía de acumulación), asistimos al transito del cuerpo sexuado, diferente, móvil como el de un muñeco articulable (propio de una economía globalizada), donde se enfatizara la flexibilidad. Me parece que en el uso y abuso de los juegos de poder, en nuestra actualidad el discurso de la diferencia, es un nuevo modo de ejercicio de poder, se trata y esto no es menos cierto de proponerla como el nuevo ideal (el discurso de la diversidad) en el seno donde curiosamente se acrecientan, las violencias colectivas e individuales, que surgen curiosamente desde la imposibilidad de enfrentar lo distinto. Si antaño lo violento aparecía en el discurso de la uniformidad, pareciera que él transito contemporáneo va acompañado del discurso de lo distinto, de lo otro. Como nos dice Pérez Soto (1996) "Nuestro espejismo es que creemos que el mercado pretendería la estandarización, la homogeneización, la burda igualación, de los estilos clásicos de la cultura industrial, que llamamos llenos de orgullo, totalitarios. Nuestra ceguera es que no somos capaces de ver que el mercado el estado, han alcanzado la habilidad tecnológica suficiente como para manipular la diferencia. No logramos ver el totalitarismo del que dialoga desde su poder. Estamos agradecidos de una diversidad que el totalitarismo nos negaba no por principio sino, simplemente por incapacidad tecnológica.".Ahora bien de aceptar esta tesis tendríamos que formular que la diversidad que se presenta como ideal en nuestra actualidad, corresponde a un manejo más sutil, de un ejercicio del poder, en el cual somos sujetos y objetos, como lo planteaba el análisis de Foucault.Pienso que nunca tanto como ahora hay una fuerte tendencia a aceptar lo otro, pero que viene dada simplemente por el desarrollo tecnológico, que es una consecuencia del desarrollo globalizado. Si ahora el mercado conoce de la producción, fue necesario la aparición primero del cuerpo, como objeto de consumo y producción, y simultáneamente como objeto de teorización, pero siempre en la misma línea, el cuerpo aparece como desarrollo teórico para aumentar su productividad, para consumir o consumirse de formas mas racionalizadas, a la aparición del cuerpo le fue también necesario la aparición del Género, de la diferencia entre mujer y hombre, nuevos derechos, nuevas obligaciones pero también nuevas maneras de aumentar la productividad y el consumo. Cabría recordar que en Foucault, la fórmula moderna del discurso sobre la corporalidad y el sexo, acepta en la práctica el cuerpo sexuado, y obviamente en lo teórico, pero lo que aparece borrado, excluido es el placer, en nuestra actualidad vivimos frente a la exposición del cuerpo y su sexo, a un nivel planetario como nunca se lo imagino antes, y sin embargo, nunca hemos estado más lejos del placer, es como si lo sexual estuviera presente para quedarse, pero el disfrutar de la corporalidad y su sexo aun estuviera fuera de nuestro alcance. Pienso que esta aparición del cuerpo y el sexo en nuestra contemporaneidad, en la forma de la discusión de la diferencia, es decir del Género, no se debe a ciertas necesidades humanitarias, o reivindicaciones del papel de los excluidos en el sistema patriarcal, sino a un desarrollo superior del sistema socioeconómico, al cual le fue necesario ejercer una inclusión (de la mujer y minorías sociales) para aumentar el nivel de producción y consumo. La inclusión de lo otro, encarnado en el cuerpo de la mujer, fue necesaria en este siglo que se nos fue, de aquí en adelante se abren la proliferación de discursos que toman como referencia la diferencia sexual, el llamado a reencontrarse con el propio cuerpo, o hacer el cuerpo la plataforma ideológica para nuevas ideas y el sexo que le es correspondiente. Revela quizás la pregunta que estuvo negada en la historia del pensamiento contemporáneo, como Emmanuel Levinas señala (1977) "Es el sentimiento de la extrañeza eterna del cuerpo en relación a nosotros que alimenta tanto el cristianismo como el liberalismo moderno. Lo que ha persistido a través de todas las variaciones de la ética. (.)El cuerpo no es solamente lo eternamente extraño. Un accidente infeliz o feliz colocándonos en relación con el mundo implacable de la materia: su adherencia al yo vale por sí misma, es una metáfora de la cual es imposible escapar (.).La esencia del hombre no se encuentra. En la libertad, sino que en una especie de encadenamiento. Ser verdaderamente sí –mismo no es emprender el vuelo por encima de las contingencias siempre extranjera a la libertad del yo; es tomar conciencia, al contrario, del encadenamiento original e ineluctable, único a nuestro cuerpo; es sobre todo aceptar este encadenamiento. (.)En esta perspectiva toda estructura social que anuncia una liberación respecto del cuerpo se convierte en sospechosa, es como una renegación, como una traición. (.)Encadenado a su propio cuerpo, el hombre se ve prohibir escapar a sí mismo." .También lo anterior es apoyado en el pensamiento de Merleau-Ponty (1964), él cual nos mencionara que es imposible "considerar el cuerpo como una cosa a la cual la consciencia le estaría asociada. En realidad, el cuerpo no es más que la manera como accedemos al mundo y, al mismo tiempo o correlativamente, un cierto modo de aparición en el mundo. (.).El cuerpo es el conjunto de condiciones concretas bajo las cuales un proyecto existencial se actualiza y actualizándose se convierte en mi propiedad (.)El cuerpo se ve, es un visible-pero se ve viéndose, mi mirada que la encuentra allí sabe que se encuentra aquí, de su propio lado-. Así el cuerpo está erguido, de pie delante del mundo y el mundo delante de él, existe entre ellos una relación de "entremezclamiento". Y entre estos dos seres verticales existe, no una frontera, sino una superficie de contacto". Una vez más no nos es posible negar que ese cuerpo será atrapado por el discurso, que es lo cultural y que lo institucional atrapará, salvo o a excepción del sufrimiento y el placer, pues toda experiencia que no es grito de placer o dolor es recolectado por la institución; En este mundo que nos toco vivir sabemos que la maquinaria de ser una sociedad de consumo anestesia cualquier dolor, pero el placer al decir de Foucault, ¡ya nadie sabe lo que es! .Tanto el sufrimiento como el placer nos remite, o nos informa que somos poseídos por un cuerpo, ambas experiencias son importantes y si aquí la sexualidad recobra una importancia fundamental, es por que es la representante privilegiada del placer, lo cual comunica íntimamente con el cuerpo, y lo paradójico de esta representación, lo cual es valido también para el sufrimiento, es la necesidad de la presencia del otro/a.

Sí la filosofía hasta lo que conocemos, y otros saberes han sido solo capaces de rozar el cuerpo, o pensarlo tímidamente, no ha ocurrido lo mismo con unas series de prácticas sociales apoyadas por la tecnociencia, asistimos a una proliferación de las técnicas del cuerpo(aumento explosivos de discursos sexológicos, donde se enfatiza técnicas para obtener o mejorar orgasmos hasta el uso de la farmacología, con el viagra o implantes etc.), a lo que asistimos es a una sociedad de consumo que mejora la técnica, la eficiencia sexual y que no se pregunta nada, ni existe la idea de pensar lo corporal y su representante fundamental, el sexo. La ternura del contacto, no es el objeto de una discusión publica, (y quizás con suerte privada), lo que es objeto de la técnica es como mejorar en la técnica sexual, para mantener un sistema productivo de consumo que sé retroalimente de sí mismo. Como la pareja contemporánea que, para mantener el nivel de consumo debe adecuarse a ser más "eficiente sexualmente", para no caer en la desgracia de una posible separación. El reconocimiento del estatuto del cuerpo para el pensamiento nos debe llevar a pensar, que cuando hay un cuerpo hay un adentro y un afuera, un arriba y un abajo, derecha e izquierda, y se comienza a estar en el espacio gracias a eso, y si el sujeto es incapaz de construir ese espacio corporal lo siguiente le será imposible, el hecho de tener un cuerpo es el hecho de tener un tiempo y un espacio; quizás hasta podríamos esbozar a una nueva problemática más reciente que concierne al modo de ser de un sujeto en un cuerpo. Asistiendo al hecho que todo pensamiento está encadenado al cuerpo, que vive y que existe en un espacio donde sé esta en contacto con otro. Que es también un cuerpo. En ello reside la condición humana. Siguiendo a este nivel de discusión me parece también importante seguir rescatando lo que dice Lévinas (1991) en el sentido como él lo manifiesta que "lo no sintetizable por excelencia es ciertamente la relación entre los hombres (.).Lo femenino es otro para un ser masculino, no sólo porque de naturaleza diferente, sino también en tanto en cuanto alteridad es, de alguna manera, su naturaleza. No se trata, en la relación erótica, de otro atributo en el otro, sino de un atributo de alteridad en él. Lo femenino es descrito como lo de por sí otro, como el origen del concepto de alteridad. (.).La alteridad y la dualidad no desaparecen en la relación amorosa. La idea del amor que sería una confusión entre dos seres es una falsa idea romántica. (.).Lo patético del amor consiste, por el contrario, en una dualidad insuperable de los seres; es una relación con lo que siempre se sustrae. La relación no neutraliza ipso facto la alteridad, sino que la conserva. Lo otro en tanto que otro no es aquí un objeto que pasa a ser nuestro o que pasa a ser nosotros; Por el contrario, se retira en su misterio. (.).La manera de existir de lo femenino es la de esconderse, o el pudor. (.).La trascendencia de lo femenino consiste en retirarse a otra parte, movimiento opuesto al movimiento de la consciencia y no veo otra posibilidad que llamarlo misterio.".

Lo que me parece importante en Lévinas, es el reconocimiento de esa alteridad, de un otro femenino, que esencialmente es otro cuerpo, solamente mostrando aquello por lo que el eros difiere de la posesión y el poder, es posible admitir una cierta comunicación con el eros, no es ni una lucha ni una fusión ni un conocimiento. Es en el fondo una relación con el porvenir, con lo que en el mundo está ahí, jamás esta ahí. Es en fondo quizás lo que dice Lévinas (1991) cuando dice "lo acariciado no es lo tocado. No es lo aterciopelado ni la tibieza de esa mano dada en el contacto lo que la caricia busca. Es esa búsqueda de la caricia lo que constituye su esencia, por el hecho de que la caricia no sabe lo que busca. Este no saber, este desarreglo fundamental es esencial en ella. Es como un juego con algo que se sustrae, y un juego absolutamente sin proyecto ni plan, no con lo que puede llegar a ser nuestro y nosotros, sino con algo otro, siempre otro, siempre inaccesible, siempre porvenir. Y la acaricia es la espera de ese porvenir puro sin contenido.".

Creo que en el terreno de la discusión de Género lo que está en la mesa es si ¿es posible de hablar de un "nosotros", o si es más bien un terreno donde aparece lo otro, que tiene su residencia en otro cuerpo? .Quizás la respuesta que da Lévinas, en la sociabilidad, de ser con el otro, en la responsabilidad con el otro que a su vez se muestra desnudo en el rostro, que me invita a ser responsable con él, muestre un cierto camino para una relación ética fundamental, que me hace salir de la soledad del ser. Es el ser que se deshace de su condición de ser, en el des-inter-es, siendo en el enfrentamiento, en el cara a cara. Donde aparece una implicancia ética fundamental.

Si aceptamos que el término Género lo podemos dejar en suspenso, es quizás porque el problema fundamental es que lo otro, lo distinto es o puede ser susceptible de ser generador de violencia, en el fondo nos encontamos con la ubicuidad del poder, o el ejercicio del poder, al respecto Restrepo (1999) nos manifiesta que "tanto el hombre como la mujer, pero también el niño, pueden convertirse en agentes de violencia. (.)Tras la figura de la bondad pueden esconderse violencias inusitadas, o camuflarse en la maternidad una desmedida ambición de dominio y una tiranía milimétrica de la madre sobre aquellos que protege. Muchas estructuras patriarcales no son más que el recubrimiento externo de un dominio de la madre. (.)El espacio de lo privado-con sus rutinas alimenticias, de limpieza y de intercambio afectivo-, está en gran parte dominado por la figura femenina, sin que podamos decir por eso que es un modelo de ternura. (.).La intolerancia del discurso total, aniquilador de la diferencia y enemigo del crecimiento y la singularidad, anida tanto en las prácticas masculinas como femeninas, pues ambos siguen respondiendo, tal vez sin saberlo, a una demanda cultural de hegemonía que se anida en los cuerpos sin distingo de raza, edad o sexo.".

Concordando con el autor, no puedo afirmar que en lo femenino a partir de la experiencia de la maternidad "naturalmente" se daría una relación más acogedora con el otro, la violencia que pueden ejercer las madres es en alguna medida nada despreciable con su contrapartida masculina, si bien reconozco que la discusión de Género, se afirma en la existencia de la diferencia, y aquello remite a pensar diferencias, como por ejemplo la diferencia en cuanto a la sensibilidad, que si se puede establecer en la experiencia de la maternidad, me parece que en cuanto a la generación de violencia y ejercicio del poder, también se basa en la diferencia de la alteridad que entre lo masculino y femenino es la relación por excelencia con el otro, que en el fondo es otro cuerpo. Y por lo tanto otras maneras diferentes de ejercicios de violencias y poder. Incluso hasta podría afirmar que en lo que se conoce como el amor, lo que más hace es sacarnos de la hegemonía, de la estandarización y colocarnos en la diferencia de nuestra singularidad como existente humano, pudiendo contemplar el mundo del cual somos parte, dándonos cuenta, o tomando conciencia de que somos en-el mundo, como exclama Barthes.R(1977) "El amor nos vuelve clarividentes", o como también manifiesta Carotenuto.A.(1996) "El amor se manifiesta en el mundo, pero no pertenece a él. (.).Quién ama verdaderamente, no puede vivir en el mundo, porqué se convierte en un testigo incomodo de esté, su presencia es un reproche viviente para quiénes viven en la gris monotonía. (.).Quisiera añadir que la muerte es la conclusión natural del amor, no por voluntad de los amantes, sino porqué el mundo no puede aceptar la carga subversiva que lleva en sí este sentimiento. El amor rompe los diques de la existencia y perturba el orden establecido, por lo que debe ser destruido. Las leyes no pueden prohibir a los seres humanos enamorarse, pero es la sociedad misma la que deja morir a quienes han osado transgredirlas, trayendo una chispa divina al curso siempre igual y gris de la existencia. (.).Debemos darnos cuenta de esta verdad amarga y terrible: el mundo no quiere amor y no lo sabe".

Si el amor es una de las pasiones fundamentales del hombre, junto con la ignorancia como el conocimiento, reside en que me permite contemplar a lo singular y lo que me diferencia del otro, el negar esa diferencia, pues no hay que subestimar el poder de la negación, es quizás la entrada a la patología, donde yo no soy yo sino el otro, y donde se confunde el amor con la negación de sí mismo, y la negación de mi cuerpo que es la representación tangible de esa diferencia, por eso no es de extrañar que los celos y el miedo sean condición sine qua non para esta pasión, es esta angustia de una posible perdida y su celo lo que me viene a marcar que yo no soy el otro, y que ese otro es otro cuerpo, no obstante esa perdida sé experienciara como el que se pierde soy yo, y será mi cuerpo que mostrara al mundo ese dolor.

Intentar reflexionar en que medida el psicoanálisis, como sistema de pensamiento intentó pensar lo sexual sus logros y sus dificultades, no es tarea fácil si tomamos en cuenta que no existe un pensamiento dominante sino que existen por lo menos dos escuelas que continuamente se enfrentan, me estoy refiriendo a la escuela francesa y la escuela americana, ambas toman los postulados fundamentales de Freud, sin embargo tiene posiciones distintas del sujeto y la realidad; fundamentalmente tomaré los conceptos básicos en Freud, y me centraré en la escuela lacaneana, para hacer mis comentarios.

Me parece que si hay que rescatar algún concepto en Freud, este es el de lo inconsciente no tanto para probar o negar su existencia sino que más bien porque desde partida dice que es de naturaleza sexual, y desde ese punto de vista es lo reprimido por excelencia. El decir esto y pronunciarse sobre la sexualidad infantil provoco un escandalo para la época, hasta podría decirse que fue un promotor de la diferencia, y especificando más una diferencia que se basaba en lo sexual, que lo definió no por la necesidad biológica sino más bien por la búsqueda del placer, esa diferencia tenía su base en la anatomía, reconoció el estatuto del cuerpo y llamo el fin de toda terapia psicoanalítica el tomar consciencia de lo inconsciente, que obviamente era de naturaleza sexual y reprimida. Eso fue hacerle directamente un llamado al hecho que eso reprimido de naturaleza sexual ocurría en un cuerpo con una diferencia genital, y si estaba reprimido se debía a una cultura que genera la neurosis a partir de principios o más bien prohibiciones fundamentales, me refiero a la prohibición del incesto. Si curarse o mejorarse pasaba por tomar consciencia, o levantar represiones que no nos permitía acceder a lo inconsciente, ese fue justamente su gran aporte, el descubrir que curarse es reconocer que se está enfermo, por el solo hecho de estar en cultura, de estar socializado se está en la neurosis, las posibilidades son aceptarlo, o denegarlo, como en la neurosis o en la perversión, pero rechazar estas prohibiciones fundamentales era estar fuera de lo cultural, y quizás en alguna medida poder ser libre, pero al precio de la locura, el único ser libre, que rechaza lo cultural es el psicotico, porque en el fondo lo que rechaza es la diferencia sexual de los cuerpos. Así como el inconsciente resiste a cualquier educación posible, sabemos que detrás de ese concepto está lo sexual que también resiste a cualquier normativa de amaestramiento. O quizás el único acto libertario pasa por tomar consciencia. Es lo único que queda lo cual es evidenciado por el hecho que al tomar consciencia el sujeto modifica su posición frente a la realidad, aunque no necesariamente lo anterior refleje un cambio conductual visible. El placer originado por la corporalidad desde este sistema de pensamiento deja de ser asociado al pecado o el mal. Apareció él termino neurosis para manifestar el costo social que se debe pagar, por lo cultural. En otras palabras hubo un giró desde una posición ética del bien hacia el mal, por el reconocimiento de que la condición humana se originaba en el cuerpo, ese encadenamiento fundamental. Lo reprimido era esencialmente ciertos placeres que debían regularse. Otro principio fundamental que rescato es que había un más allá del principio del placer que se expresaba en actos o síntomas que más que placer causaban dolor y no obstante se repetían continuamente en el tiempo. Lo cual al viejo Freud le permitió descubrir una tendencia mortífera en el ser humano, que llamó tánatos o pulsión de muerte, que permitía explicar tanto la autodestrucción como la destrucción del semejante, y que por lo demás estaba asociada a esa represión fundamental que se ejercía sobre un cuerpo sexuado. Me parece que es ahí donde se encuentra la grandeza de Freud, al mismo tiempo que empezó a atisbar la importancia del lenguaje en todo este juego cultural que unía el cuerpo lo sexual y la represión que es ejercida por estructura, a partir de la inserción del infante en la cultura. Me parece que eso es lo valioso que se encuentra bajo el concepto de lo inconsciente. El hombre no es solo un ser de necesidades sino que se encuentra con algo que va más allá de la necesidad, a saber el deseo que es siempre reprimido e inconsciente, y ese deseo tiene un origen sexual, que es en el fondo el representante de la existencia de un cuerpo que no solo quiere satisfacer necesidades básicas, sino que busca algo más que por definición es insatisfecho eternamente, y generado por la prohibición. Es el deseo lo que nos distingue de otras especies, ser sujetos deseantes eso es lo que ganamos por nuestra inserción en la cultura, pero el precio es la represión de lo sexual que vuelve cargado como malestar que puede desembocar en agresión; Eso sexual que se reprime tiene como fundamento un cuerpo. No obstante lo anterior, se puede apreciar que si bien hay un rescate del cuerpo, basado en la diferencia sexual, Freud asumió un discurso que en alguna medida reproducía el ejercicio de poder preexistente, sobre todo en lo concerniente al sistema patriarcal; términos como envidia del pene por la mujer, o un masoquismo primordial de carácter femenino o la primacía de la vagina por sobre el clítoris, y por ende la importancia fundamental del padre en el desarrollo psíquico. En otras palabras Freud, fue quizás inconscientemente un hombre de su propio tiempo, él mismo se lamentará al final de su vida, como por ejemplo el famoso caso de la señora K, en donde él mismo reconoce la imposibilidad de aceptar el hecho que exista atracción de una mujer por una mujer, forzando una situación en la cual Dora su paciente se retirara de la terapia. Me parece que Freud intento hacer del psicoanálisis un discurso con carácter científico, un discurso desde la razón, sobre el sexo y el cuerpo. Freud criticó la modernidad y al mismo tiempo fue parte de ella, como todos los pensadores de su tiempo. Por lo demás es también cierto que su visión fue acercarse al cuerpo y al sexo de una manera que a veces se confundía en sus escritos con lo que en la actualidad sería más bien un discurso sexológico. No obstante el cuerpo y su sexo, la inclusión como debate en relación al pensamiento fue el verdadero escándalo del psicoanálisis, y por ello, por el reconocer que el cuerpo y su sexo tienen una realidad, que afecta directamente al psiquismo, y a su pensamiento. Hablando de la sexualidad del infante, dio cuenta de como se insertaba la ley del sistema patriarcal, en la estructuración psíquica del individuo, a partir del complejo de edipo, develando la lógica operatoria de un sistema patriarcal en consonancia con un sistema capitalista en vías de globalizarse en un futuro que es nuestra actualidad. Para seguir permaneciendo en el tiempo, al psicoanálisis le fue necesario agregar ciertas modificaciones teóricas para seguir subsistiendo. Esas modificaciones o retoques fueran hechas por Jaques Lacan.Curiosamente Lacan opero al revés: El cuerpo fue llevado al discurso lingüístico, y por tanto desapareció cualquier explicación fenomenológica, para convertirse en un juego de lenguaje; ahora el padre, el pene, son símbolos. Cómo veremos si Freud hablaba de pene Lacan hablará de Falo, ¿pero que es el falo? "Presencia de una ausencia (.).Un significante". Pero ¿qué es el padre? El que porta la ley, pero la ley es una función simbólica, ya no importa el individuo concreto, porque hay que distinguir un padre real (que concretamente puede ser un espermatozoide), un padre imaginario (imágenes que los individuos se forman a partir de ideales observados, que se forman en relación con el semejante) y el padre simbólico (la ley, una metáfora, en ultimas instancias volvemos al símbolo). En esas condiciones el padre será una función lingüística, susceptible de ser ejercida por el que esté de paso, su función primordial será simbólica, provocar una metáfora, o sea la sustitución de un significante por otro, de ser el deseo del deseo la madre, o sea su falo, buscar en el otro quien tiene el falo (Lacan en ves de hablar de pene habla de falo), siendo el falo nuevamente un significante, es decir presencia de una ausencia, ¿cual ausencia? La falta de ser. Si seguimos explorando veremos, que el cuerpo y su sexo (el cuerpo que en este mismo tiempo escribe este trabajo) ha sido *SUSTRAÍDO*.En el pensamiento lacaneano el cuerpo desaparece para dar paso al discurso. Se podrá apreciar que si se cae en los juegos del lenguaje, lo rescatable esta en el decir donde aparece evanescentemente el deseo y el ser del hombre (que es su cuerpo en el acto de hablar). Pero en lo dicho ya opero la construcción racional y la coherencia racional. (Y el cuerpo fue sustraído). Si la confesión fue la sombra que cayo bajo el psicoanálisis, en el discurso lacaneano se lleva al extremo de hablar lo que sea, y ante la falta de sentido que puede operar el juego lingüístico, pues un significante puede remitir a múltiples significados, el individuo puede elegir el que le resulte más apropiado para no caer en una disgregación significativa, que en última instancia es una disgregación de la identidad o de ser. Esta disgregación, causada por el efecto del lenguaje o significante en donde el sujeto es una consecuencia, lleva a la idea de un desciframiento hasta las últimas consecuencias, donde puede terminar operando como un engaño, donde se fuerza a descifrar aquello, que resiste a cualquier desciframiento, me refiero al sexo como representante del cuerpo. Si el significante tiene primacía por el significado esto nos vuelca a decir, que la relación de poder, el verdadero amo ya no es el otro, con su cuerpo, sino el otro sin sustancia que es el otro del otro, es decir la batería de significantes, el gran Otro. ¿Y el individuo en su corporalidad, con su sexo, que cotidianamente camina por las calles? Me parece que existe un ocultamiento de los ejercicios de poder. El amo puede ser el significante, pero esconderá al que profiere ese significante, que es un otro encarnado, que a partir de su cuerpo resiste o oprime, si el otro encarnado es imaginario, es ese imaginario es el que ejerce un poder sobre mí, para calificarlo rápidamente en el terreno de la ilusión. Podemos descalificar las relaciones intersubjetivas, pero sus consecuencias no las hablamos las sentimos a partir de nuestra corporalidad. Al respecto Pérez Soto (1996) a partir del concepto de transindividual, hará una critica del psicoanálisis lacaneano, ahora bien, este concepto (lo transindividual) lo extrapola de hegel, el cual él nos dice "llamaré transindividual, de acuerdo a un uso establecido, a un campo de subjetividad común, previo, de manera histórica y lógica, a las subjetividades singulares, las que adquieren su ser y sentido sólo en virtud de su inscripción y referencia constante a él como fundamento. (.)La primacía del lenguaje desustancializa la subjetividad común y las convierte en mera forma. La critica a las pretensiones ontológicas de la filosofía clásica ha llevado a la lingüística del siglo XX, empujada por la manía cientista, a un concepto del lenguaje, en que no hay contenidos reales que puedan ser conocidos (.) La subjetividad resulta un conjunto de meras funciones. (.)La subjetividad, que pudo ser común, se fragmenta en una serie de ópticas atómicas, que se declara ligada tan solo por la falta de un autentico sentido o un autentico contenido. El ámbito de lo transindividual, que prometía ser el campo de una subjetividad sustancial común, se ha convertido, gracias a su formalización lingüística, en el espacio de la más extrema fragmentación de la identidad que pudo soñar la utopía individualista. (.)Está bien, aceptemos que el individuo no tiene centro ni sentido en sí mismo, ¿significa esto que no hay centro, ni sentido en ninguna otra cosa? . El individuo parece ser tan importante en esta reflexión que el escepticismo resultante parece más bien efecto de una frustración que de un concepto.".

Al Desustancializar el espacio en común, que es nuestro cuerpo sexuado en relación a otro, y convertirlo en un juego de lenguaje, es desplazar la relación de ejercicio del poder, de los cuerpos al lenguaje, y ocultar la dominación que opera en el cuerpo. La salida se acerca más a una resignación o la creación de un sentido que haga tolerable la vida que se produce en un sistema de dominación a escala global. Me da la cierta impresión que con los juegos de lenguaje sigue subsistiendo el sistema patriarcal y su consonancia con el sistema capitalista, pero de una forma más sutil hasta el punto de creer que somos autónomos y no manipulados por el mercado. Sin embargo, no se puede dejar de reconocer, que en el psicoanálisis lacaneano, la operación es más sutil, por que al afirmar "la mujer no existe" está dando cuenta que en los juegos de lenguaje, la mujer ha sido una construcción lingüística del hombre, que es el que ha hablado y escrito de la mujer. Ahí vemos un cierto desenmascaramiento del patriarcado .Si la mujer no hace un universal, como sí ocurre cuando hablamos del hombre, ello se debe que su escritura y su manera de hablar han sido hasta ahora marginal. Recordemos que en el principio del mito bíblico era el verbo, el hombre. Es relativamente reciente que la(s) mujeres se estén dando su manera de hablar y escribir. Por otro lado con el concepto de goce, Lacan reconoce que ambos compartimos un goce en común, pero existe la diferencia de otro tipo de goce en la mujer que va más allá del goce fálico. Por lo tanto esto no permite el encuentro, y subsiste la diferencia, que es la diferencia sexual de no poder ser uno, de que sólo hay mal encuentro, pero ese mal encuentro ya no se da como en Freud en la diferencia anatómica, sino en el discurso. Entre el hombre y la mujer hay un muro, el muro del lenguaje. ¿El hombre o individuo es solo mero discurso? Al parecer en el encuentro del cuerpo y la lengua, que es el encuentro con la cultura, hay algo que resiste ser simbolizado, aquello que resiste son ciertos sectores del cuerpo que darán forma a la conceptualización que hace Lacan, y que llamará Goce, pues el cuerpo busca el goce, el goce será aquello que va más allá del placer, aquello que no cesa de no escribirse, totalmente opuesto al deseo, pues el deseo se genera a partir de una prohibición de carácter simbólica. No obstante queda un resto que no deja simbolizarse, que Lacan llamará objeto a, es decir, lo simbólico produce un corte a nivel corporal, que generara ese resto. ¿Y entonces? ¿Antes de la lengua qué había? Había un cuerpo en goce, un cuerpo en lo real, según José Milmaniene (1998) "El sexo no es, en consecuencia, la universalidad, el terreno común neutral de las practicas discursivas que constituyen la "sexualidad" sino, más bien su impedimento común, su punto de falla común. En otras palabras,"el sexo" pertenece al registro de lo real: es un efecto de la sexualidad (de las practicas simbólicas) pero su efecto antagónico: no hay sexo anterior a la sexualidad, esta misma produce ("secreto" en todo los sentidos del termino)". Como se puede apreciar en esta línea, se enfoca a la idea que el cuerpo se humaniza gracias a la intervención simbólica, existiendo una relación de fidelidad entre el cuerpo y la lengua por un pacto simbólico, lo que hace condescender el goce al deseo. Pues el goce al no ser regulado, yendo más allá del placer se encuentra con la muerte, en sí el goce es asociado a la tendencia mortífera. Si se rompe este pacto, ¿qué ocurre? . Quizás el ejemplo más clásico que se da al respecto, es que la relación primaria es en principio una relación corporal, de no existir una separación por un tercero, la ley del padre, esa relación cuerpo a cuerpo, quedaría en goce mortífero, en una relación de devoración que marca al fóbico, o futuro psicótico, es por eso que se hace la diferencia de la madre que ama, y la madre que cuida y se pega, pues está última no está bajo la mediación de un tercero, que sería la mediación simbólica, y al no operar esta mediación se queda en el narcisimo. No obstante todo lo anterior, Julia Kristeva (1987) que es psicoanalista, hace el siguiente comentario en relación a la lengua "Resulta, sin embargo, de interés comprobar cómo a pesar que el sujeto pierde su palabra, vulnerando sus pactos, su cuerpo habla y responde por él. El cuerpo viene a recordarnos que se está cediendo en cuanto los compromisos asumidos, tal como evidencia por ejemplo, el comienzo de una impotencia sexual con la esposa, en el mismo momento que se instala una infidelidad".

En el cuerpo, se produce una escritura, escritura que es producida por los otros (madre, padre que en el fondo son los vehículos de los mensajes de la cultura) y lo que resiste a esa escritura (de parte de ese sujeto en cuyo cuerpo se inscribe lo cultural), y que retorna lo podemos llamar goce, que nos viene a marcar lo real. Lo reprimido en lo más real (el cuerpo) retorna en forma de síntoma, y todo síntoma tiene su núcleo de goce que es inapresable por la palabra, y que aparece como beneficio secundario (hay veces que aquello que es sintomático, y nos produce displacer tiene un beneficio, como por ejemplo obtener beneficios de ser la eterna víctima). El cuerpo tiene un afecto fundamental, y esa es la angustia, porque toda angustia remite a una perdida ¿perdida de que?, Dé algún sector de nuestro cuerpo que resistió a cualquier posible simbolización. Y en la angustia lo que expresa es ese cuerpo nuestro, hay veces en la vida en que una lágrima dice sin decir, mucho más que las palabras, y el sustrato de esa lágrima es el cuerpo. Concuerdo con WinterJ.P (1992) cuando manifiesta "la fidelidad del cuerpo a la palabra. Casi se podría hasta decir que los canallas tienen un cuerpo honesto ¿para qué multiplicar ejemplos? Cada uno de nosotros puede recordar tal o cual angustia de inhibición, tal o cual síntoma, mediante los cuales viene el cuerpo a recordarnos que estamos cediendo acerca de los términos de nuestro pacto. En esos momentos todo ocurre como si el cuerpo se erigiera en guardián de nuestra ética, en el sentido de que la falta más grande que una persona puede cometer es traicionar los juramentos que ha pronunciado o en los cuales está comprometido, sin saberlo, por sus ascendientes". En Lacan, la fidelidad primaria se da en el pacto entre un cuerpo que goza a un cuerpo que es sujeto de deseo, ese pacto se da por una mediación simbólica, no obstante, es un pacto que estará basado en guardar la seguridad, entre el uno y otro. Y sin embargo el cuerpo resiste y amenaza, el cuerpo busca el goce, es la ley que lo frena convirtiéndola en deseo, pero como sabemos el deseo no puede ser nunca satisfecho, es inestable por definición, más si aparece lo sexual que viene con su placer encarnado, ¿que beneficios ofrece el pacto simbólico? ; Tal vez seguridad. Quizás sea por ello que entre el hombre y la mujer existan mediaciones simbólicas (como el matrimonio), y quizás por lo mismo dos posiciones subjetivas que no concuerdan en el mundo, y necesitan de un pacto, pues el hombre conoce y ordena conceptualmente el mundo, en cambio la mujer lo siente y percibe poéticamente, quizás sea la inscripción patriarcal que ha formado los cuerpos vías la mediación simbólica, en donde el hombre y la filosofía concordaron como dice Fraisse. G (1996) "el filósofo inspirado se separa de la mujer inspirada, el filósofo es un amante viril; la filosofía es asunto de hombres, pero sin que Eros y lo femenino, como inspiración o como embarazo, desaparezcan. Como lo dice también Nicole Loraux, el hombre griego excluye a las mujeres reales al mismo tiempo que se apropia de lo femenino, obra de dominio que permite excluir mejor aún.".Con lo anterior se pueda poner en cuenta, que hoy las mujeres se estén dando nuevas maneras de desconstruir lo que ha sido escrito sobre ellas o su cuerpo, y a la vez como consecuencia lo que ha sido escrito y desconstruido en el cuerpo del hombre, a tal nivel que perfectamente se pueda decir que el hombre también "siente" y se esté incorporando a una nueva masculinidad. Lo anterior me permite reconocer que obviamente no es posible negar que se ejerce una inscripción simbólica en el cuerpo, ¿pero por que en el pensamiento lacaneano se la nombra como la ley del padre? A mi modo de ver en esas sutilezas aparece la emergencia del discurso patriarcal, y si yo discuto tanto al respecto es porque el patriarcado se da de la mano con un sistema de dominación socioeconómica basados en la explotación del hombre por el hombre, ahora bien si se acepta que esto es así por un tema cultural se está legitimando en el fondo al sistema capitalista y al costo social que inevitablemente produce. Sin embargo, existen paradojas tanto en Freud como en Lacan, en el sentido que ambos reconocen que el deseo es insatisfecho por estructura, es una fuerza constante que aspira al placer y al estrellarse con la realidad tiene que ser desviado de su fin original para ser socialmente ejecutado (sublimación), no obstante el deseo es por estructura, subversivo por que no se deja dominar como la sexualidad, que es en el fondo la representante del cuerpo. Ante lo cual, la paradoja va que en un sentido en que hay todas unas series de conceptos que legitiman el patriarcado, pero por otro lado la cultura expresadas en sus prohibiciones resta al cuerpo ciertos placeres, y genera el deseo como fuerza constante y de un carácter indomable, que se representa en el inconsciente de naturaleza sexual, encarnada en un cuerpo. El tomar consciencia de los deseos sexuales reprimidos, es tomar consciencia de la corporalidad. Más pereciera que en el discurso lacaneano, esa toma de consciencia, no invita a la acción, como si ocurría en Freud, cuando este decía "no negar el mundo como el psicótico, aceptarlo a la manera neurótica, pero transformarlo como el psicótico". En el discurso lacaneano pareciera solo una invitación a hacerse cargo del deseo, más allá que Lacan halla dicho " que el reconocimiento del deseo hace que la vida no tenga sentido si produce un cobarde" y si bien existe toda una ética que se basa en el deseo,e invita al riesgo, me da la impresión que esa lectura lacaneana, no es la que se hace, sino la lectura de Lacan apostando en un continuismo más sutil del patriarcado, llevando su pensamiento a la lógica de una posmoderna racionalidad que se basa en la sustracción del cuerpo y convirtiéndola en un juego del lenguaje. No obstante en ambas lectura el cuerpo es llevado al lenguaje, desencarnadolo. Haciendo otra lectura, desde otro lugar coincido con Restrepo.C (1999) que "Los símbolos de la cultura no soportan el vacío de la desencarnación. Nos persiguen, buscando nuevos gestos que les otorguen vida. (.).El cuerpo es la pizarra donde se escribe la cultura. El mármol donde se cincela el signo. Pero insistimos en negar esta realidad, queriendo presentar al cuerpo como lo natural y fisiológico, como territorio libre de los artificios de la cultura. (.)Estamos prisioneros del cuerpo que nos representamos. Confinados en las abstracciones, no logramos acceder a una lógica de lo sensorial. El código lo prohíbe. Tal es el conflicto que escenifica el drogadicto. Su placer es a la vez su castigo, pasando por el cuerpo el desgarro de la sociedad contemporánea. Anhelamos un nuevo cuerpo-entiéndase un nuevo código-, pero seguimos aprisionados de los fantasmas que nos condenan al fracaso en el mismo momento de intentar la emancipación. (.)Entre los discursos que se desplazan y reconstruyen, el cuerpo es un gran campo de negociación y conflicto y el sentido a cuyas sugerencias sutiles debemos aprender a responder. Para eso es necesario que nos permitamos una nueva relación con el dolor. Porque el dolor es el mensajero de estos desequilibrios que indican que la dinámica de las fuerzas se obstruye y paraliza (.) Es preciso escuchar la queja y entender que en ella aparece resumido un combate con el mundo cuyas claves es necesario descifrar. Perder el miedo al dolor y abrirle paso a la ternura es también poder hablar cara a cara con la muerte. Allí de cara al abismo y la fascinación, sabremos de manera patética que no hay sentido oculto por descifrar, que no hay meta para alcanzar, que siendo imposible ir más allá de la piel es suficiente tarea pretender lo que puede el cuerpo. (.)Entre otras cosas, porque tratándose de la ternura, no tiene sentido pretender ir más allá del cuerpo."

Si el dolor o sufrimiento es algo que ocurre en un cuerpo, ello se debe como decía Foucault, a que el cuerpo es el primero en resistir cualquier ejercicio de poder, si bien las nuevas tácticas del poder se reúnen en nuestra actualidad, a la manera de generar un discurso sobre la sexualidad y nuestro cuerpo, la nueva táctica convirtió lo sexual y lo corporal en acto lingüístico, y aunque hablemos de sexo y de nuestro cuerpo, es un nuevo modo de seguir ocultándolo y negándolo, es una nueva manera de capturar y someter el cuerpo, a partir de procedimientos racionales que han convertido lo corporal en un discurso medico psicológico, donde se lo clasifica, ordena y se establecen los placeres normales y patológicos. Se arma todas unas series de discursos que lejos de llevar a una liberación, y a un reconocimiento del estatuto de lo corporal en el pensamiento, se lo vuelve a negar pero de una manera más sutil e imperceptible. Quizás en eso resida que lo corporal sé lo anestesie, y seamos una cultura que niega la corporalidad y por ende lo sexual o quizás ¿en qué medida sea posible conocer el cuerpo, y el sexo que le está asociado? Pues si lo ponemos bajo la rubrica del misterio, seguimos las direcciones cristianas y religiosas que desde el comienzo negaron cualquier posibilidad de conocimiento sobre la corporalidad, y todo lo que le estuvo asociado como la discusión de Género. Quizás lo paradójico, es que en nuestra posmodernidad, nunca se haya hablado y mostrado tanto al cuerpo y su sexo, pero desexualizándolo y reduciéndolo a solo una manifestación, que hay que aceptar recubriéndolo nuevamente y dejándolo en la oscuridad del pensamiento, que de sexo se habla pero de eso no se trata. Quién creería que íbamos a llegar a un tiempo que pensaríamos que somos más libres, y no obstante es el recubrimiento de nuevos totalitarismo, que se ejercen en la violencia de lo corporal, porque no hay más violencia que un cuerpo que no puede comer, un cuerpo que hay que anestesiar, para que no se confronte con la dramática realidad de una vida en que lo violento se genera en la rigidización de los cuerpos, la violencia se ejerce en el silencio , la violencia se ejerce en la negación del tiempo y de una cultura que niega el envejecimiento, porque negar el envejecimiento es negar la vida, y negar que la vida se aprecia en la existencia de lo corporal. Desde la categoría medico-psicológicas el cuerpo sobre explotado del trabajolico, no se distingue del desgarro del drogadicto, ambas muestran la impotencia que envuelve las luchas cotidianas, recordándome, que en el ejercicio del poder su mayor triunfo fue haberlo llevado a un biopoder, que pasa justamente por el autocontrol corporal, como decía Foucault "la humanidad no es habladora, sino peleadora", y esa pelea se ejerce en lo corporal, y su máximo representante que es lo sexual. Por eso si el juego marca la creatividad, y el placer que se obtiene como consecuencia nos hemos convertido en una sociedad que ya no juega, y el pensamiento se ha adultizado, negando el placer, como diría Nietzsche, debiéramos volver a ser como los niños que en su lógica del pensar operan con el disfrutar, con el placer de pensar lo no pensado en el pensar.

Quizás podríamos afirmar que en nuestra posmodernidad, con las caídas de las certezas que nos provocaban el imperio de la razón, se ha abierto perspectivas para enfrentar, esta nuestra actualidad o presente; Por un lado se ha reconocido la existencia de lo corporal y su relación en el pensamiento, las ideas no solo surgen de la razón sino que también de afectos, pasiones, creencias, de la tendencia por vivir que se anidan en un cuerpo sexuado. SI la razón como absoluto se ha disgregado y producido como consecuencia mundos posibles, solo queda dos maneras de enfrentar estas situaciones el optimismo a ultranza de la diversidad, o el reconocimiento más escéptico de la disgregación que produce la falta de sentido, a saber que por medio del lenguaje existen tantos sentido o significados que se le pueden dar a la realidad que nos lleva a una suerte de disgregación que disgrega al mismo individuo, que nos hace caer en un relativismo, que a mi juicio tiende a legitimar la diferencia estructural de una sociedad desigual e injusta, buscando opciones individualista, sin embargo ambas opciones olvidan el dolor que produce la precariedad de que por más optimistas que seamos o pesimistas lo que si se mantiene, es la condición humana en el contexto de una sociedad desigual e injusta, que en ultima instancias se expresa en el reconocimiento de cuerpo pero amordazado, para llevarlo al lenguaje y nuevamente convertirlo en pensamiento desencarnado, sin cuerpo ni su representante fundamental que es su sexo. Recordando con Foucault, que quizás la verdad del hombre se encuentra en relación a su sexo. La sustracción de la corporalidad por medio de los juegos del lenguaje, enturbian o vuelven a ocultar la posibilidad de encontrar algún conocimiento sobre el hombre y su vida.

Quizás nos olvidamos que el placer es la señal de una relación satisfactoria de aceptación entre él yo y el cuerpo. Como comenta Savater.F (1988) "El placer es la experiencia del asentamiento a nuestro asentamiento en la vida/mundo. Se trata de una experiencia, algo que por tanto involucra al yo y el cuerpo, algo juntamente afectivo y reflexivo. En una palabra, gozar es decir sí con cuerpo y alma". Y en ese sentido ante una propuesta ética el mismo Savater.F (1988) nos dirá "En el fondo, lo único literalmente indecente es la suposición de que la vida buena no ha de incluir gratificaciones placenteras en toda la extensión corporal y carnal de la palabra. La libertad humana (entendida como capacidad de elección, invención y reflexión de la preferencia) no se opone a nuestra corporalidad, ni la desmienten ni se desentiende en modo alguno de ella, sino que emerge y corona la carne como la flor emerge y corona al organismo vegetal que la sustenta. La libertad humana es la disposición activa de administrar y potenciar recursos que recibimos de manera necesaria de la biología y la cultura. A partir de este pie forzado hay maneras de ser libre, pero sin este pie forzado no habría manera de ejercer ni concebir la libertad".

Me parece que reconocer el estatuto del cuerpo, como posible objeto de discusión filosófica, viene aparejado en que el placer aparece en cuanto existe representación simbólica, no para sustraerlo, ni negarlo por el mismo símbolo, sino para afirmarlo, para reconocerlo. Pretender que el placer es falso y transitorio y que de eso no puede advenir ninguna discusión, induce al engaño, pues cuando algo parece un placer lo es y nada puede ser placentero sin parecerlo, en el placer ser es gustar, Y su brevedad la hace tan poco falsa como la relativa brevedad de la vida la hace a esta falsa. Al respecto Savater.F (1988) nos menciona "La fidelidad al placer es trágica tal como lo es la fidelidad a la vida, pues asume su carácter finito-su perpetuo estar-ya- cesando-no como un mentís a su realidad sino como el índice irrefutable de ésta". Es quizás en esa condición de estar –ya-cesando-en que el placer de algún modo hace que lo humano se asuma dos posturas ante la inevitable pérdida. Por un lado la aceleración de la intensidad quemándose en deleites audaces, lo cual hace una referencia directa al goce corporal, o por otro lado la garantía de reiteración, en la que se encuentra más sublimadamente el placer, me refiero a los deleites templado del estudio o a la creación, donde lo bello y su búsqueda aparecen en todo su esplendor. Obviamente que esta segunda postura ha gozado de mayor valor moral que la primera, pero esto se debe a la mayor legitimación social de lo productivo frente al derroche.

El placer se opone a la totalidad cuya verdad es la supresión o negación de lo individual, el placer es una parcialización lograda. Es por eso que para comunicar hay que parcializar, es decir aceptar la fragmentación.

Para terminar me gustaría decir, que entorno a lo corporal y lo que se le encuentra asociado, siempre se ha usado como argumento para frenar cualquier discusión. El argumento en el cual el placer es una experiencia que nos aísla de los otros y que no hace más que reforzar nuestra soledad esencial, quebrando nuestra responsabilidad ética. No se puede negar, que hay placeres que nos quitan responsabilidad ética, pero el derecho a elegir en ciertos momentos de nuestra existencia, ya sea por el dolor u otra razón, la inconsciencia, que puede producir la realización de ciertos placeres me parece que es una garantía de la misma libertad.

Al respecto Séneca mencionaba "No dudemos, de vez en cuando, en emborracharnos, no para ahogarnos en el vino sino para encontraren él un poco de reposo. No llamaron al inventor del vino liberador porque suelte la lengua, sino porque libera nuestra alma de las preocupaciones que la avasallan, la sostiene, la vivifica y le devuelve el valor para todas sus empresas" (De tranquillitate animi). Ahora bien, que el placer nos separa, nos aísla de los otros también como argumento es bastante engañoso, pues la mayoría de los placeres nos vincula a los demás en lugar de separarnos. Los placeres son tan sociales como nosotros mismos, de un modo u otro necesitamos la complicidad de alguien, para el disfrute de los placeres, ya sea que este se exprese en la sexualidad, en la comida, en el arte o la política.

CONCLUSIÓN

Me parece que intentar concluir, es de alguna manera enfatizar algunos aspectos ya tratados y generar otras preguntas que de alguna manera, intenten dar el espacio para que otros posibles trabajos aborden el tema. Entre las posibles conclusiones, que sé producen a partir de la discusión sostengo que:

■ El cuerpo si bien ha sido descalificado y negado en la tradición filosófica, en nuestra posmodernidad reaparece, fundamentalmente en la relación a la alteridad, encarnado en la discusión de Género, que es por excelencia, la relación con lo otro, que es en definitiva, lo otro basado en la diferencia. Y por otro lado también reaparece en cuanto es tratado como objeto y sujeto de los ejercicios del poder, Donde aparece como espacio fundamental de resistencia. Si la filosofía ha incluido el cuerpo, y por ende todo lo concomitante, es consecuencia de la perdida de certeza en la razón absoluta, que caracteriza esta época. Me parece que vivimos en una situación de transito, a la creación de nuevos conocimientos, que tiendan a incluir en el tiempo, otras discusiones, que toman al cuerpo, su sexo, pero también otras temáticas, como lo ecológico o la intimidad. El cuerpo y su sexo están en una época, donde han salido de lo privado, para acercarse a lo público.

■ Que el psicoanálisis, genero toda una revolución en la tradición del pensamiento contemporáneo, al ser el primer sistema de pensamiento que estuvo dispuesto a intentar pensar la corporalidad, y el sexo que le es concomitante. Y de ahí la grandeza de Freud.No obstante que comenzó a mencionar conceptos que se basaban en lo sexual-corporal como el inconsciente, quedo atrapada por la lógica del sistema patriarcal legitimando un orden desigual, propio de una sociedad estructuralmente injusta.

■ Que la renovación del psicoanálisis vino de la mano de Jacques Lacan, y del cuerpo se desplazo la discusión a los juegos del lenguaje, obteniendo de una manera más sutil la negación y nuevamente legitimando, el orden establecido por una sociedad desigual e injusta. A lo que me refiero es que el cuerpo fue nuevamente sustraído de cualquier posible discusión teórica, y fue llevado a ser lenguaje formalizado sin contenido, impidiendo cualquier discusión teórica, reforzando con ello una suerte de sumisión a la autoridad del lenguaje. Si   el gran logro de Freud fue mostrar el cuerpo como objeto de discusión el gran logro de Lacan, es sustraerlo como objeto de cualquier posible discusión, Del cuerpo se trata, pero del cuerpo no es. El cuerpo es transformado en significantes, de la relación de poder sobre el cuerpo, se desplaza la discusión a relaciones de poder pero en el lenguaje, El amo es el significante, del cuerpo no se puede hablar.

- Si existe tanta resistencia a la generación de una posible discusión entorno al cuerpo, pues el paso es reconocerlo, para después nuevamente negarlo. Me quedan las siguientes preguntas ¿Es posible generar un conocimiento que incluya lo corporal? ¿O es que el cuerpo, y su verdad más evidente representada por su sexo, se resiste a cualquier conocimiento, y por lo mismo solo queda el silencio, la imposibilidad del lenguaje, o el misterio como algunos lo llaman? O ¿Será que la corporalidad no ha sido asumida aún, y de lo que hablamos es de una teoría de la corporalidad, que sigue teniendo los resabios cristianos asociados al mal, y que por el cual seguimos afirmando el cuerpo y su misterio? .Estas son cuestiones que quedan abiertas a otro posible trabajo en el futuro. Me parece que lo visual y acústico (propio del pensamiento) no le da espacio al tacto. Como otra forma de generar conocimientos.

- En relación a esta última conclusión se puede pensar que cualquier reflexión sobre el cuerpo necesariamente sigue teniendo resabios cristianos asociados al mal,sin embargo lo anterior no es necesario, pues si observamos otras tradiciones espirituales (sobre todo orientales) veremos que el cuerpo puede ser una puerta de acceso,o el modo como accedemos a lo trascendente o a lo divino, y que la sexualidad puede ser un camino para lo trascendente y a la vez un camino para encontrarnos con nosotros mismos.

- Que a consecuencia de esto ultimo el yo termina siendo una identificación al pensamiento,palideciendo su origen que fue el reflejo de la sensación de lo corpóreo,que cuando hablamos del yo hablamos de los pensamientos que conforman la identidad,y que se expresan por medio de los juegos del lenguaje.En ves de no darnos cuenta que lo que soy yo es también lo que siento de manera corporal,y lo que siento va cambiando por tanto el yo no puedo ser algo estático si lo es,es solo porque es una ilusión, debido a la identificación al pensamiento con la forma del lenguaje.

BIBLIOGRAFÍA   CAPITULO I: LA HISTORIA DE LA SEXUALIDAD Y SUS PROBLEMATIZACIONES EN FOUCAULT.

(1) Foucault Michel.La historia de la sexualidad tomo1 "La voluntad de saber". Mexico. Editorial   siglo   XXI.1996.Edición.vigesimo   cuarta.   Páginas: 96,26,29.63,64,72,73,81,82,83,84,85,86,112,113,114,115,116,101,102,103,129,130.131.

2) Foucault Michel.La historia de la sexualidad.tomo II "El uso de los placeres". Mexico.Editorial   siglo   XXI.1996.Novena   edición.Páginas: 10,14,17,17,18,37,39,40,41,42,43,47,49,50,54,58,61,62,63,66,70,71,76,78,88,89,90,91,11 7,128,129,130,131.

(3) Foucault Michel.La historia de la sexualidad.tomo III. "La inquietud de sí". Mexico.Editorial   siglo   XXI.1996.Novena   edición.Páginas: 39,41,42,43,47,49,51,53,217,218,219,220.

(4) Foucault Michel.Saber y verdad.Buenos Aires.Editorial.La piqueta.1986. Páginas: 231,234,235,236.

(5) Foucault Michel. Beyond structuralism and hermeneutics.the university of chicago press.Chicago.1983 Traducción.

BIBLIOGRAFIA CAPITULO II: DE FREUD A LACAN: EL PSICOANÁLISIS UN MODO DE PENSAR LO SEXUAL.

1)Freud Sigmund.Compendio del psicoanálisis.Buenos Aires.Editorial Biblioteca Nueva.1950.Décimo cuarta edición. Tomo III.Páginas: 3384,

2)Freud Sigmund.tres ensayos para una teoría sexual.Buenos Aires.Editorial Biblioteca nueva.1950.Décimo cuarta edición.Tomo I.Páginas: 1199,1200,1201,1221,1222.

3)Freud Sigmund.Lo Inconsciente.Buenos Aires.Editorial Biblioteca Nueva.1950.Décimo cuarta edición.Tomo II.Páginas: 2067,2068,2072,2073,2077

4) Freud Sigmund.Más allá del principio del placer.Buenos Aires.Editorial Biblioteca Nueva.1950.Décimo cuarta edición.Tomo III.Páginas: 2508,2509,2516,2517.

5) Freud Sigmund.El malestar en la cultura.Buenos Aires.Editorial Biblioteca Nueva.1950.Décimo   cuarta   edición.Tomo   III.páginas: 3049,3050,3051,3052,3053,3056,3057.

6)Bataille   Georges.El   erótismo. Barcelona.Editorial   Tusquet.1997.Primera edición.Páginas: 17,18,21,22,257,258,261,262,267,268273274,278, 279,280.

7)Lacan Jacques.Libro XI.   "Los cuatro conceptos fundamentales en psicoanálisis". Editorial Paidos, 1999, Primera edición. Páginas: 28,32,33,38,90, 160, 174,243,257,

8) Lacan Jacques.Escritos I. Editorial siglo XXI, 1985, Décimo tercera edición.Página: 257.

9)Lacan Jacques.Escritos II.Editorial siglo XXI.1985.Décimo octava edición.Páginas: 660-670.

10)Lacan, Jacques.Libro XX. Aún.Editorial Paidos, 1981,Primera edición.Páginas.112, 15,89,90,92175,176

11) Juranville Alain.Lacan y la filosofía.Editorial nueva visión.1996.Primera edición.Páginas: 181, 182, 183,184.

BIBLIOGRAFÍA CAPITULO III: DESDE NIETZSCHE A LA DISCUSIÓN DE GÉNERO.

1) Jara José.Nietzsche un pensador póstumo, el cuerpo como el centro de gravedad.editorial Antrhopos.1998.Primera edición.Páginas.54, 55,56,57

2) Nietzsche Friedrich.El anticristo.Editorial Alianza.1972.Décimo quinta reimpresión.Páginas: 68(p 43).

3) Nietzsche Friedrich.Ecce homo.Editorial Alianza.1972.Décimo cuarta edición.Páginas: 79,130,

4)Nietzsche Friedrich.Más allá del bien y el mal.Editorial Alianza.Decimo quinta reimpresión.Páginas: 39,41,186,187.

5) Munich Susana. "Una explicación para la frase la verdad es mujer". En coloquio de Valparaíso" Nietzsche más allá de su tiempo". Editorial.Edeval.Valparaiso.1998.

6)Nietzsche Friedrich.Así hablaba zaratustra.Editorial Ercilla.Primera edición.Páginas: 29(del amigo), 33,34(la vieja y el joven), 48(del inmaculado conocimiento), 60(de la virtud apocadora), 69(de los tres males).

7)Eisler Riane.Placer sagrado.Tomo I y II.Editorial Cuatro vientos.1998.Primera edición. Páginas: 20,21,22,39-42,54,92-94(tomo I).78-79,184-186,89-110,254-256(Tomo II).

8)Giddens Anthony.La transformación de la intimidad.Editorial Cátedra.1998.Segunda edición.Páginas: 12,44-47,61-63,71-79,167-176.

BIBLIOGRAFÍA GENERAL

--Bataille, Georges. "El erotismo". Editorial Tusquet.1997.Barcelona.

--Barthes.R. "Fragmentos de un discurso amoroso".Editorial siglo XXI.1986.México.

--Carotenuto. Aldo. "Eros y Pathos". Editorial Cuatro vientos.1996.Santiago.

--Eisler. Riane. "Placer sagrado". Tomo I y II.Editorial. Cuatro vientos.1998.Santiago.

--Freud. Sigmund. "Obras completas". Editorial.Biblioteca nueva.1950.Buenos Aires.Argentina.

--"Compendio del psicoanálisis"

--"Tres ensayos para una teoría sexual"

--"Más allá del principio del placer"

--" El malestar en la cultura"

-- "Lo inconsciente".

--Foucault. Michel." La historia de la sexualidad" Tomo I,II, y III.Editorial. Siglo XXI.1996.México.

--Foucault. Michel. "Saber y verdad". Editorial La piqueta.1986.Buenos Aires.Argentina.

--Foucault. Michel. "Beyond estructuralism and hermeneutics". Editorial. University of chicago press.1983.chicago.EE.UU. (Traducción Luis Rossi).

--Fraissse, Genevieve. " La diferencia de los sexos". Editorial. Manantial.1996.Buenos Aires. Argentina.

--Giddens Anthony. "La transformación de la intimidad"Editorial Cátedra.1998.Madrid.

--Juranville. Alain. "Lacan y la filosofía". Editorial Nueva Visión.1996.Buenos Aires.Argentina.

--Jara, José. "Nietzsche un pensador póstumo, el cuerpo como centro de gravedad". Editorial Antrhopos.1998.Madrid.

--Kristeva. Julia. "Historias de amor ". Editorial Siglo XXI.1982.México.

--Lacan Jacques. "Escritos". Tomo I y II.Editorial Siglo XXI.1985.México.

--Lacan Jacques."Seminarios de psicoanálisis". Editorial Paidos.1999.Buenos Aires.Argentina.

--Seminario XI " Los cuatro conceptos fundamentales del psicoanálisis".

--Seminario XX "Aún".

--Seminario VII "La ética del psicoanálisis"

--Seminario IV "La relación de objeto".

--Lévinas Emmanuel. "Quelques reflexións sur la philosophie de 'hitlerisme". Editorial.Payot & Rivages.1977.Paris.

--Lévinas Emmanuel. "Ética e infinito". Editorial Visor.1991.Madrid.

--Merleau-ponty.M. "Le visible et invisible". Editorial. Gallimard .1964.Paris.

--Milmaniene José. "Extrañas parejas". Editorial Paidos.1998.Buenos Aires.Argentina.

--Munich. Susana. " Una explicación para la frase la verdad es mujer, en coloquio en Valparaíso". Editorial.Edeval.Valparaíso.1998.

--Nietzsche Friedrich. "El anticristo". Editorial Alianza 1972.Madrid.

--Nietzsche.Friedrich. "Ecce homo" Editorial Alianza.1972.Madrid.

--Nietzsche.Friedrich. "Más allá del bien y el mal". Editorial Alianza.1972.Madrid.

--Nietzsche. Friedrich."Así, hablaba, zaratrustra". Editorial Ercilla1982.Santiago.

--Olea, Raquel ."Escritos de la diferencia sexual". Editorial Lom.2000.Santiago.

--Pérez Soto. Carlos. "La condición social de la psicología". Editorial Lom.1996.Santiago.

--Restrepo. Luís Carlos. " El derecho a la ternura". Editorial Lom.1999.Santiago.

-Savater Fernando."Ética como amor propio". Editorial Grijalbo 1988.Barcelona.

--Winter, Jean-pierre. "Variaciones sobre un mismo tema o la palabra dada en la fidelidad". Editorial Cátedra.1992.Madrid.

Druck

Canon Deutschland Business Services GmbH
Ferdinand-Jühlke-Str. 7
99095 Erfurt